석굴암 백년의 빛

사진으로 읽는 수난과 영광의 한 세기

석굴암 백년의 빛
사진으로 읽는 수난과 영광의 한 세기

2009년 11월 23일 초판 1쇄 인쇄
2009년 11월 27일 초판 1쇄 발행

글 | 성낙주

펴낸이 | 오영교
펴낸곳 | 동국대학교출판부
디자인 | 성문
출판등록 | 제2-163(1973. 6. 28)
주소 | 서울시 중구 필동 3가 26
문의 전화 | 02 · 2260 · 3482~3
홈페이지 | http://www.dgpress.co.kr
이메일 | book@dongguk.edu

ISBN 978-89-7801-256-0 03600

값 20,000원

저작권법에 의해 보호를 받는 저작물이므로 무단 전재 및 복제를 금합니다.

석굴암 백년의 빛

사진으로 읽는 수난과 영광의 한 세기

성낙주 글

동국대학교출판부

ⅠⅠ '미의 천체도' 앞에서

석굴암은 지금부터 1,200여 년 전 이 산하에 태와 뼈를 묻은 옛 신라인이 심력을 다해 빚어낸 불후의 걸작입니다. 지난 세기말에는 유네스코 '세계문화유산'에 등재되어 우리 겨레의 보물에서 세계인의 보배로 인정받기도 했습니다.

과연 석굴암은 온통 비밀스러운 암호들로 가득 차 있는 보물지도입니다. 세상 어디에도 석굴암과 같거나 비슷한 종교사원은 존재하지 않습니다. 이 경이로운 석조사원에 귀 기울이면 하늘과 땅을 휘어잡는 무비의 교향악이 들려옵니다. 거기에 구현된 붓다의 가르침과 미의 율법을 깨우칠 때마다 주체하기 어려운 감동과 전율이 온몸을 휩싸옵니다.

19세기 정밀기계산업의 총아인 카메라는 그 작은 조리개가 열리고 닫히는 찰나적 순간에 사물의 본질을 꿰뚫는 신통력을 지니고 있습니다. 그렇게 태어난 이미지들에는 간혹 촬영 시점의 시간과 더 거슬러 올라간 옛 시간까지 겹쳐 있는 경우도 있습니다. 지난 20세기 벽두에 제작된 석굴암 사진들 하나하나에도 촬영 시점의 시간과 그보다 앞선 시간들이 첩첩이 쌓여 있습니다. 그래서 오늘의 우리가 석굴암의 옛 사진들을 꺼내 읽는다는 것은 단지 100년 전의 석굴암을 반추하는 게 아니라, 그 이전 각 시대마다의 석굴암과 마주치는 축복의 시간이 될 수도 있습니다.

그동안 그것들은 한자리에 모이는 기회를 얻지 못했습니다. 우리의 게으름 탓이지만, 이제 그것들이 저마다의 족한 이야기를 풀어놓는 시간을 갖고자 합니다. 지난 20세기에 석굴암이 겪은 상처와 그것을 극복한 후의 영광뿐 아니라 더 거슬러 올라가 신라 적의 이야기까지 듣고자 합니다.

〈석굴암 백년의 빛〉 사진전은 석굴암을 연모하는 모든 이들을 위한 축연(祝宴)의 자리입니다. 아울러 우리한테 석굴암을 남겨준 무명의 신라 예술가들에게 진정으로 감사하는 자리이기도 합니다. 파란과 격동의 20세기를 지나 21세기의 문턱도 저만큼 멀어진 오늘, 고대 동서양의 종교적 예지와 예술적 상상력의 총화인 석굴암 앞에 무릎 꿇는 일보다 환희에 찬 시간은 그리 흔치 않을 것입니다.

이 절후의 '미의 천체도' 앞에서 모두 모두 복되소서.

2009년 11월
석굴암미학연구소장 성낙주 배

차례

'미의 천체도' 앞에서 | 5

Ⅰ. 석굴암의 사진 연대기

  1. 석굴암 그 모습을 드러내다 | 11
  2. 데라우치, 석굴암 천년의 역사를 해체하다 | 53
  3. 우리 손으로 석굴암의 정체성을 되찾다 | 85
  4. 석굴암, '미(美)의 천체도' | 109

Ⅱ. 석굴암, 근대를 다시 생각하다
  1. 조선병탄의 전리품 | 124
  2. 그 돌이킬 수 없는 건강기록부 | 136
  3. 석굴암 부처님과 동해 일출 | 143
  4. 석굴암의 사진엽서 | 154
  5. 석굴암을 방문한 사람들 | 174

부록
  1. 고유섭 선생 소장 석굴암 사진들 | 178
  2. 석굴암 중창 연표 | 181

감사의 글 | 187

Ⅰ. 석굴암의 사진 연대기

1. 석굴암 그 모습을 드러내다
2. 데라우치, 석굴암 천년의 역사를 해체하다
3. 우리 손으로 석굴암의 정체성을 되찾다
4. 석굴암, '미(美)의 천체도'

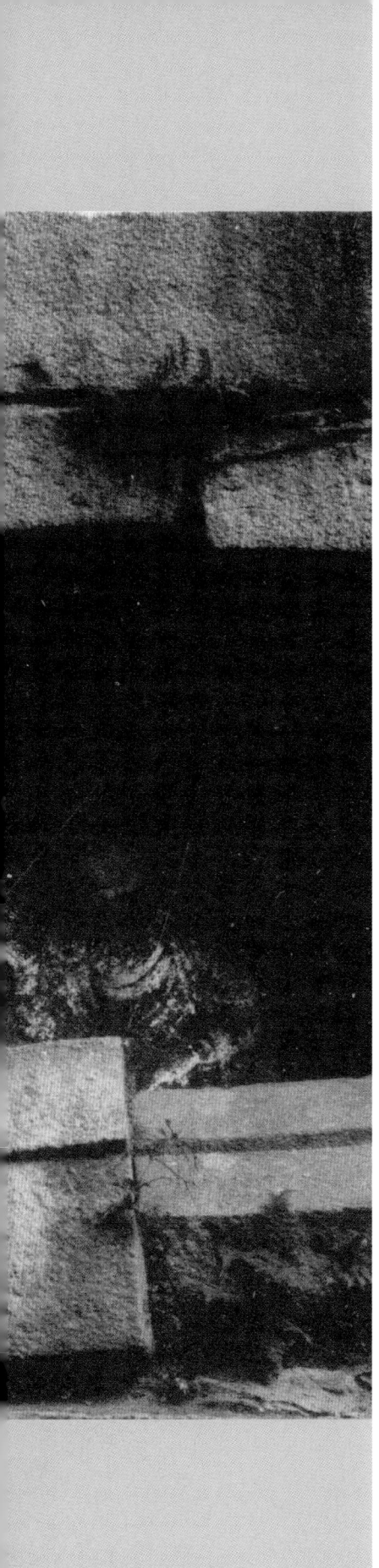

1. 석굴암 그 모습을 드러내다

1909년~일제의 수리공사(1913) 이전의 사진들

1909년 4월
조선합병 전야에 소네 부통감 석굴암에 오르다

조선왕조가 마지막 숨결을 거칠게 몰아쉬던 1909년 4월 말, 검은 제복을 걸친 일단의 무리가 경주에서부터 토함산 등정에 나선다. 다름 아닌 을사늑약(1905) 직후 일제가 이 땅에 설치한 조선통감부의 부통감 소네 아라스케(曾禰荒助) 일행이었다. 당시 소네는 이토 히로부미(伊藤博文)가 통감직을 사임하고 일본 본토로 귀국한 후 통감 대행을 맡고 있었다. 이듬해에 발간된 『조선미술대관(朝鮮美術大觀)』(조선고서간행회, 1910. 2. 22)에는 그들의 사진 2매가 실려 있는데, "선년(先年)에 통감(통감 대행의 착오) 일행이 석굴암에 도착하여 그 존재를 발견했다." 운운하는 간략한 해설이 붙어 있다.

이들 사진 2매가 현재로서는 가장 이른 석굴암 사진으로 추정되는데, 당시 석굴암은 언제 붕괴될지 모르는 급박한 지경에 있었다. 주실 돔 지붕의 앞쪽이 함몰되어 혈(穴)을 이루었으며, 전실(前室)은 노천에 훤히 드러난 그대로 기왓장과 석재들이 곳곳에 뒹굴고 있었다. 석굴암은 더없이 황량한 상태로 근대의 여명을 맞이한 것이다.

한편, 이 사진들에는 일제와 우리 민족과의 불평등한 관계가 상징적으로 나타나 있다. 석재와 기와 더미 등에 함부로 걸터앉거나 서 있는 관헌들의 검은 제복은 미구에 신성한 불교성전에서 침략자의 전리품으로 전락하게 될 석굴암의 운명을 암시하는 듯하다. 특히 본존불 무릎에 의기양양하게 올라앉은 인물의 검은 실루엣은 석굴암이 벌써 자신들의 소유물임을 선포하는 듯한 느낌이다. 소네 부통감의 방문 직후, 석굴암에 봉안되어 있던 총 40구의 조각상 가운데 감실(龕室) 앞쪽 좌우의 보살상 2

『조선미술대관』, 1909년 4월 말, 석굴암을 찾은 소네 부통감 일행

구가 실종된다.

소네 부통감의 경주 방문은 지역사회에 큰 반향을 불러 일으켰을 것이다. 오른쪽 사진의 하단 모서리 부분에 석굴암까지 따라 올라온 조선 소년들 얼굴이 살짝 비친다. 그러나 두 소년은 사진의 주인공이 아니다. 일본인 사진사가 전실의 왼쪽 판석과 돌담에 앵글을 맞추는 순간에 처음 보는 카메라를 흘깃거리다가 우연히 잡혔을 뿐이다.

「조선미술대관」, 석굴암과 조선 소년들

1909년 12월
세키노 다다시[關野貞], 석굴암도 선점하다

세키노 다다시는 일본 동경제국대학 교수로 대표적인 관학자이다. 1902년에 내한해 조선의 고건축과 유물유적을 한 차례 답사한 바 있는 그는 1909년 소네 부통감의 방문으로부터 넉 달여 뒤인 9월 19일부터 12월 21일까지 3개월간 탁지부 촉탁(囑託)의 자격으로 한반도 전역을 거듭 누빈다. 경주는 12월 8일부터 15일까지 조사하였는데, 이때에 비로소 석굴암을 만나게 된다. 석굴암마저 선점하는 행운을 누리게 된 셈이다. 그는 이듬해에 펴낸 약식보고서 『조선예술지연구(朝鮮藝術之研究)』(총독부내무부, 1910. 8, p.1. 및 pp.12~13)에서 "그 구조의 진기함과 그 조각의 정미함이 신라시대의 최우수한 일대유구"라고 석굴암을 극찬한다. 석굴암에 대해 일본학자가 내린 최초의 언급이다.

오른쪽 사진은 본존불을 중심으로 포즈를 취한 세키노 다다시 일행의 기념 사진. 1909년 석굴암의 상태를 잘 보여준다. 본존불 대좌 앞에 천정에서 추락한 동틀돌이 흙무더기 위에 쓰러져 있으며, 왼쪽 돌기둥 옆에는 잡석이 한 무더기 쌓여 있다. 오른쪽 사천왕 앞에서 포즈를 취한 이들은 기와 더미 위의 널빤지에 올라 서 있다. 화면의 왼쪽 앞에도 기와 더미가 수북하다.

『미술신보』, 석굴암을 찾은 세키노 일행
關野貞,「朝鮮と美術教育」,『美術新報』第9卷・第12號, 1910.

|a|b|
|c|d|

《신라조각건축지부》
關野貞,《新羅彫刻建築之部》, 日本美術社, 1910.

『미술신보』
關野貞,「石窟庵の彫刻」,『美術新報』第214號, 1912.

『조선고적도보』
朝鮮總督府,『朝鮮古蹟圖譜』第5册, 1917.

세키노는 1909년 12월의 석굴암 사진을 이후 전문 잡지, 보고서 등에 싣고 있다. 1910년 12월 발행한 20매짜리 사진첩《신라조각건축지부(新羅彫刻建築之部)》에 실린 2매(a, d)를 비롯해 1912년의 『미술신보』(214호)에 실린 4매(a, b, c, d)의 사진은 1917년 조선총독부에서 간행한 『조선고적도보(朝鮮古蹟圖譜)』 제5책에 모두 실려 있다. 거기에 실려 있는 사진 중에는 이때에 촬영된 것이 몇 점 더 발견된다.

『건축잡지』에 실린 8매의 석굴암 사진

『건축잡지』
關野貞,「新羅時代の建築」,『建築雜誌』第305號, 日本建築學會, 1912.

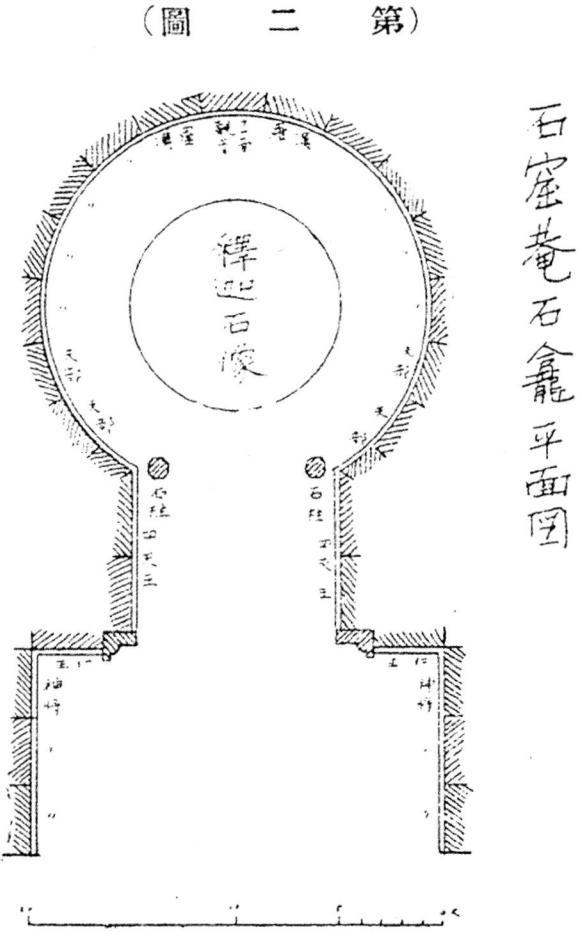

『건축잡지』에는 간단히 그린 〈석굴암석감평면도(石窟庵石龕平面圖)〉도 실려 있다. 현재까지 알려진 가장 이른 시기의 석굴암 평면도로, 본존불과 전체 주벽의 조각상 27상 등 당시의 조각상 28상의 위치가 나타나 있다. 단, 주실(主室)의 감실은 표시되어 있지 않다.

a	b
c	d

1967년 문화재관리국에서 펴낸 『석굴암수리공사보고서』에는 일제시대 수리 이전 사진(a)이 실려 있는데, 이 사진 역시 세키노 일행이 석굴암을 조사차 방문한 날에 촬영된 것이다. 이날 그들을 수행하여 올라온 경주지역 순사들은 기와로 덮여 있는 주실 지붕 정상까지 올라가 포즈를 취하였다. 본존불 앞쪽으로 지팡이를 짚고 갓을 쓴 조선인이 돌기둥에 기대듯 어색하게 서 있는데, 그의 오른팔 옆에는 용도를 알 수 없는 긴 나무 막대기가 세워져 있다. 이 막대기는 세키노와 관련된 사진(d) 오른쪽에도 나타나고 있어 흥미롭다.

a. 『석굴암수리공사보고서』, 문화재관리국, 1967, 제24도.

b. 〈석굴암의 구태〉라는 제목을 붙인 실사진. 도판 a의 유리건판을 부분 인화한 것으로 보인다.

c. 기와로 덮여 있는 석굴암의 주실 정상부. 『석굴암수리공사보고서』(제25도)

d. a와 같은 일자의 사진.

1910년(추정)
어느 화창한 날,
4인의 석굴암 유람 사진

서울대학교박물관 소장 유리건판 사진
1910년을 전후한 시기의 어느 화창한 날에 석굴암을 배경으로 신식 복장을 한 이를 포함하여 4명이 기념사진을 찍었다. 사진 중앙의 관헌은 본존불 대좌에 다리를 꼬고 걸터앉아 위압적으로 정면을 응시하고 있다.

1910년(추정)
흙과 돌이 쌓여 있는 본존불 대좌

참고 사진

당시 석굴암은 누군가에 의해 주변의 토석과 기와 더미가 조금씩 정리되었는데(참고 사진), 오른쪽 사진은 그 이전의 것이다. 대좌까지 쌓여 있는 흙더미와 쓰러져 있는 동틀돌 그리고 대좌 아래쪽의 삼각형 돌 파편이 20세기 초 석굴암의 상태를 잘 보여준다.

서울대학교박물관 소장 유리건판 사진(오른쪽)

사초(史草)가 된 낙서

석굴암의 존재가 알려지면서 총독부 관리나 일본에서 건너온 학자, 사진작가들이 줄을 이었고, 수학여행단을 조직한 학교까지 있었다. 그들은 판석과 이맛돌[楣石], 쌍석주 등 손길이 닿는 곳이면 어디든 가리지 않고 낙서를 남겼다. 그중에는 일본 후쿠오카 현에서 온 이도 있었고, '京城普成中學校' 수학여행단도 있었다. 낙서 중에는 일종의 금석문처럼 석굴암의 퇴락상을 순차적으로 재구성할 수 있는 중요한 단서가 되는 '辛亥'(1911), '壬子'(1912) 등의 간기도 보인다. 낙서 없이 깨끗한 것은 가장 초기인 1909년에서 1910년 초까지, 낙서가 까맣게 덮인 것은 그로부터 1912년 연말 정도까지, 그리고 낙서를 지운 것은 총독부 공사 직전의 사진으로 그 시점을 추정할 수 있다.

일제시대 사진엽서

1912~1913년
전실 진입로의 오른쪽 자연석 돌담

성균관대학교박물관 소장 유리건판 사진
이 돌담은 원래의 구조물이 아니라 전실의 판석들이 기울자
황급히 자연석들을 운반해다가 쌓은 응급처방의 산물이다.
돌담의 안쪽 끝부분 앞으로, 덧대어 쌓은 야트막한 기와 담장
이 비친다.

慶州東洋軒 사진첩
《신라고적석굴암석불(新羅古蹟石窟庵石佛)》(Ⅰ), 34매,
1912년 늦가을 촬영(추정)

동양헌(東洋軒 : Toyoken)사진관은 경술국치 전에 경주에 진출한 경주 전문 사진회사로, '경주동양헌' 혹은 주인인 다나카 가메쿠마(田中龜熊)의 이름을 따서 '전중동양헌(田中東洋軒)'으로도 불렀다. 관광용의 소형 앨범 여럿과 수백 종 이상의 사진엽서를 남겼으며, 다나카는 경주를 찾은 일본 지식인들과 교분이 두터웠다.

이 사진첩은 당시의 조각상 36상 전부를 최초로 담아낸 값진 자료이다. 가로 19cm×세로 13.2cm의 소책자 형태를 취하고 있으며, 이미지 자체의 사이즈는 가로 5cm×세로 12cm 전후로 일정하지 않다. 일본어로 된 〈설명문〉, 〈석굴암석불위치약도〉와 조각상 사진 34매 등 총 36매로 구성되어 있다. 감실의 석부재 전부가 깨어진 채로 있어 수리 이전의 것임을 알 수 있다.

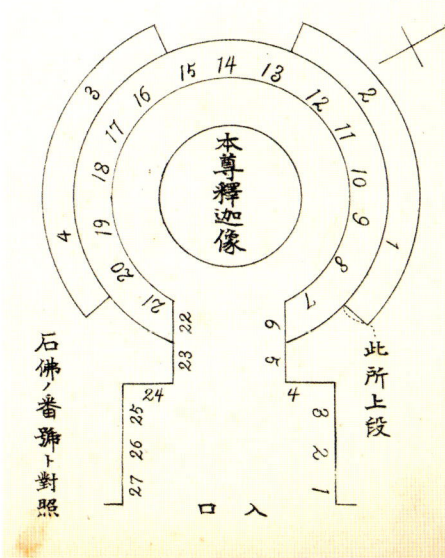

1매 결실

경주동양헌 사진첩
《신라고적석굴암석불(新羅古蹟 石窟庵石佛)》(II), 26매, 1912~1913년 동절기 촬영(추정)

동양헌에서는 오늘날의 관광사진첩을 다량 제작했으며, 다른 회사들의 참여도 활발해 수십 종 이상의 소형 사진첩이 유통된 것으로 보인다. 대부분 석굴암에 지면을 대폭 할애한 가운데, 발간 시점은 늦지만 초기 사진들이 실려 있다. 일례로 《조선경주》(총 45쪽, 동양헌사진관, 1930년대 초·중반), 《신라지고도 경주사진첩》(총 50쪽, 京城 日之出商行, 1936) 등에도 보수공사 이전의 석굴암 이미지가 실려 있다.

이 사진첩은 일본어로 된 〈설명문〉, 〈석굴암석불위치약도〉와 가로 11.1cm × 세로 17cm의 인화지에 가로 9cm × 세로 14cm의 조각상 사진 26매 등 총 28매로 구성되어 있다. 앞의 사진첩(I)과 달리 낱장으로 분리되어 있으며, 지질이 고급이고 사진 솜씨와 인쇄 수준도 높다. 사진에 나타나는 낙서, 잡초의 건조 상태, 고드름이나 얼음, 눈덩이 등으로 미루어 1912년에서 1913년으로 넘어가는 동절기에 촬영된 것으로 보인다. 조각상을 도려낸 사진첩(I)과 달리 사진 원판을 그대로 인화해 석굴암의 건축 구조에 관한 소중한 정보를 제공한다.

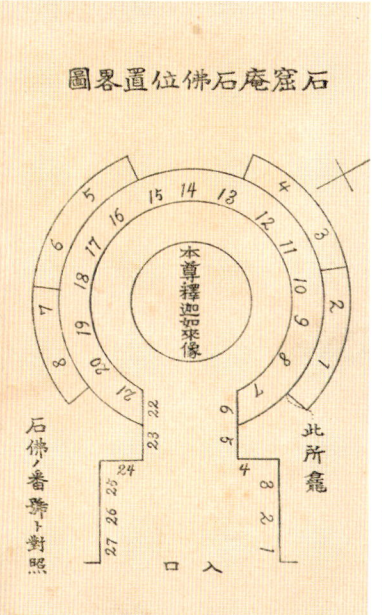

인왕상 위쪽의 첨차석이 기울자 누군가 인왕의 보발 사이에 돌덩이를 끼워 놓았다.

1911~1915년
나카무라 료헤이(中村亮平),
『朝鮮慶州之美術』, 藝艸堂出版部, 1929

『조선경주지미술(朝鮮慶州之美術)』은 1929년에 간행되었지만 1911년부터 1915년까지의 석굴암 모습이 담겨 있다. 이들 사진 중에는 동양헌 발행의 것과 일치하는 것이 많다. 경주의 문화예술 및 역사를 주제로 한 일본인의 저술 중에 내용이 가장 풍부하고 충실한 노작으로, 답사기 형식을 취하고 있다.

석굴암에 관해서는 '재발견' 경위, 창건연기 설화, 전체 구조, 각 조각상의 특징, 〈석굴암석불위치도〉, 〈석굴암종단도(內面)〉, 〈석굴암종단도(左半面)〉, 〈석굴암횡단도(窟蓋內面)〉를 첨부하여 상술하고 있으며, 1910년대의 보수공사 등에 대해 신랄하게 비판하고 있다. 총 98매의 유물유적 사진 가운데 석굴암 사진이 절반에 육박하는 42매에 이를 정도로 석굴암 관련 내용이 풍부하다. 이 책에서는 석굴암에서 출토된 유물에 대해 다음과 같이 밝히고 있다.

> 공사할 때에 파와(巴瓦), 수와(垂瓦), 귀와(鬼瓦), '석불사(石佛寺)'라는 명문이 있는 암키와[平瓦], 기타 기와 등등, 천불석탑의 파편, 인왕(仁王)의 두부(頭部)와 부서진 팔뚝, 돌을 깨는 연장, 돌이 붙어 있는 금구(金具) 등 다수가 지표면 4~5척(尺)에서 11척 되는 사이에서 발굴되었다. 지금은 경주 진열관(陳列館)에 보존되어 있다.

1909년~일제의 수리공사 이전의 석굴암 상태

주실(主室) 공간

① 석조지붕의 상부는 기와층과 토석층이 번갈아 덮여 있고, 맨 마지막으로 기와층이 덮여 있었다.
② 석조 돔 지붕의 앞부분이 함몰되고, 천개석과 동틀돌들이 노출되어 있었다.
③ 감실의 석재 모두가 극심한 균열과 박탈(剝脫)을 보였다.
④ 열 곳의 감실 보살 중에 8상만 남고, 앞쪽 좌우 두 감실의 보살상은 실종되었다.
⑤ 주벽 판석 모두 부분적인 파손 및 균열을 면치 못했고, 뒤틀리고 어긋나 틈새 뒤쪽으로 흙이 노출되어 있었다.
⑥ 본존불은 이마의 백호가 실종되고, 대의(大衣) 앞자락 및 연화좌대의 상단 앞부분도 천정 석재들의 추락으로 깨어져 있었다. 입술의 경우, 초기의 사진은 깨끗하나 1910년 이후의 사진에는 붉은 주칠이 입혀진다.
⑦ 십일면관음보살상의 화신불 중 왼쪽 첫 번째 한 상이 망실되어 구멍이 뚫리고, 정수리의 화신불도 보이지 않았다. 이에 한동안 구면관음(九面觀音)으로 불렸다.
⑧ 쌍석주의 첨차석 위 상부의 좌우 기둥이 원위치에서 뒤쪽(바깥 방향)으로 밀려나 있었다.
⑨ 쌍석주의 위 좌우 첨차석에서 현재의 홍예석 자리가 비어 있었다.
⑩ 가장 초기의 사진에는 토사가 본존불 대좌 높이까지 퇴적되어 있으며, 돔 지붕의 석재들이 뒹굴고 있었다.
⑪ 동절기에 지붕의 함몰구로 쏟아진 눈이 법당 내에 얼어붙어 있었다.
⑫ 이후 사진에는 쌍석주와 주벽 판석들이 관광객들의 낙서로 더럽혀져 있었다.
⑬ 각 존상은 물론 모든 부재가 이끼와 곰팡이 등으로 시커먼 상태였다.

비도(扉道) 공간

① 사천왕 가운데 다문천의 보탑(寶塔) 부분이 결실되어 있었다. 증장천은 머리 부분

이 분리되었으나 판석의 원 위치에 끼워져 있었다.
② 아치형의 지붕 개석(蓋石) 본체 두 장은 원위치를 지키고 있으나 전면의 마감재는 추락한 듯 보이지 않았다.
③ 입구의 좌우 문설주가 탈락되었다.
④ 좌우 문설주의 탈락으로 사천왕과 인왕 판석이 수십 cm 가량 벌어져 있고, 그 틈새로 벽체 뒤쪽의 잡석과 흙무더기가 쏟아지고 있었다.

전실(前室) 공간
① 전실 전체가 보호전각 없이 노천에 방치되어 있었다.
② 좌측 '아' 인왕은 온전한 반면, 우측 '훔' 인왕은 왼팔이 망실되고 상투와 첨차석 사이에 돌덩어리가 괴여 있었다.
③ 좌우의 주벽 신중상은 각 3상씩만 남아 있고, 현 전실 초입의 좌우 두 신중상은 보이지 않았다.
④ 비도의 양쪽 판석의 연장선과, 전실의 맨 안쪽 좌우 판석의 연장선이 교직되는 전실 바닥에 한 쌍의 사각 돌기둥이 좌우 대칭으로 서 있었다.
⑤ 좌우 판석 위의 첨차석은 왼쪽에 두 개, 오른쪽에 세 개가 있었다.
⑥ 바닥에는 퇴적된 흙더미 속에 각종 석재와 와편이 쌓여 있었다.
⑦ 동절기에는 바닥이 눈과 얼음으로 덮이고, 벌어진 판석 틈새에도 눈이 쌓여 있었다.

입구 및 전경
① 전실 전면의 진입로 양변, 즉 맨 앞쪽 첫 번째 판석에 잇대어 자연석 돌담이 쌓여 있었다.
② 입구에는 현재의 석등대좌가 보이지 않았다.
③ 현 수광전(壽光殿)에서 석굴암까지의 비탈길은 돌계단으로 이루어져 있었다.
④ 현 수광전 자리에 목조의 요사채 한 채가 있었다.

2. 데라우치, 석굴암 천년의 역사를 해체하다

조선총독부의 개축공사 ; 1913~1915년

총독부,
원래의 잡석 대신에
최신의 시멘트로
석굴암을 바르다

『佛國寺と石窟庵』, 조선총독부, 1938
석굴 전체가 해체된 직후의 모습

경술국치 직전인 1910년 8월, 석실법당 전체를 해체하여 경성(京城)으로 반출하라는 지침이 통감부로부터 경주 주재 일인 관리에게 하달된다. 그것은 이미 그들이 석굴암을 하나의 전리품으로 간주했다는 명백한 증좌인데, 다행히 통감부에서 총독부로의 직제 개편이라는 복잡한 정세와 현지 일본인 관리의 항거성 태업 등이 맞물려 사업 자체가 흐지부지되고 만다. 조선병탄의 성공으로 자신들의 소유가 명백해진 상황에서 조선인의 민심을 자극하면서까지 무리할 이유가 없다는 정치적 판단도 주효했을 것이다.

초대 총독인 데라우치 마사타케(寺內正毅)가 1912년 11월 8일에 석굴암을 탐방한 이후 보수공사에 대한 논의가 급진전되어 1913년 10월부터 1915년 8월까지 본격적인 공사가 행해진다. 이것이 1차 수리공사이다. 현장조사와 기획, 설계, 본 토목공사에 이르는 공사의 전 과정이 용의주도하게 진행되었다. 시공 책임자로 철도부설 기사인 이지마 모도노스케(飯島源之助)가 임명되고, 그를 통해 모든 사항이 총독부 기사 구니에다 히로시(國枝 博)에게 일일 보고되었다. 공사의 규모 또한 석실법당 전체를 해체하여 파손된 석재들은 새로 제작해 재조립하는 등 신창(新創)에 맞먹는 대역사였다.

2차 공사는 1917년에 이루어진다. 당시 석굴암 주지는 청원서에, "석굴암 내의 누수로 인해 점차 불상들을 손상시킬 염려가 있어서 이대로 두기 어렵다."라고 밝히고 있다.

3차 공사는 1920~1923년에 이루어지는데, 2차 공사 때의 누수를 잡지 못해 다시 대대적으로 행해진 것이다. 이때에는 석굴암의 미관을 고려한 부분 공사도 행해졌다.
1927년에 다시, 누수로 인해 생긴 청태와 오염물을 제거하기 위하여 증기 보일러를 설치하였다. 그러나 그것은 석굴암의 향후 보존에 치명적인 해를 끼친다.

석굴암은 창건 이래 조선 말까지 수차례의 보수공사가 있었지만, 석실법당 전체가 해체되는 일은 석굴암의 역사상 처음이었을 것이다. 공사 초기의 사진을 보면, 주벽(周壁)의 판석들이 분리되어 늘어서 있고, 그 너머로 석굴 외곽을 감싸고 있던 잡석들이 산처럼 쌓여 있다. 일제는 재조립 단계에서 이들 잡석을 원상 복구하지 않고, 석실 외곽을 시멘트로 시공하여 실내 환경에 돌이킬 수 없는 악영향을 미친다.

참고 사진, 일제시대 사진엽서(오른쪽)
시멘트 두겁으로 인해 석실법당 전체가 콘크리트 괴체로 변했을 뿐 아니라, 적은 비에도 봉토층을 파고든 물기가 콘크리트 두겁을 통과해 천정석이나 벽면을 타고 줄줄 흘러내렸다. 생석회수가 돌의 세포 분자를 파괴한다는 사실을 미처 알지 못했기 때문인데, 주실 내 조각상에 가장 큰 피해를 입혔다. 1930년대 사진엽서 속에 나타난 십일면관음보살은 더 이상 자비로운 모습이 아니다.

석실법당 본체의 해체 작업은 본존불과 천개석이 안전하도록 겹겹의 비계를 설치한 후 진행된다. 본존불과 천개석을 원위치에 고정시킨 것은 중량 문제와 함께 재조립 단계에서 중심을 잡기 위해서였을 것이다.

성균관대학교박물관 소장 유리건판
비계에 둘러싸인 본존불과 천개석

파손된 석재들을 교체하다

수리공사 전의 감실

수리공사 후의 감실

수리공사 때에 나온 석굴암의 원래 석재들
수리 전 석실법당의 부재들은 거의 성한 것이 드물 정도로 파손, 균열, 탈락 등의 양상을 보였다. 특히 감실 부재들은 재사용이 불가능했다.

두 신중과
홍예석(虹霓石 무지개돌)을 발굴하다

『石窟庵と佛國寺』, 飛鳥園, 1927
전실 좌·우측의 진입로 옹벽 끝부분에 부착된 아수라상과 금시조상

〈좌측〉 〈우측〉

『石窟庵と佛國寺』, 飛鳥園, 1927
건너편의 인왕상을 각각 마주보고 있는 아수라상과 금시조상

전실의 팔부중(八部衆) 가운데 금시조상과 아수라상은 공사 도중에 발견되었다. 일제는 그들이 처음에 측량한 도면 그대로 개축한 진입로 양쪽 옹벽의 끝부분을 깎아내고 두 상을 억지로 끼워 맞춰 놓았다. 그 결과 팔부중 가운데 이들 상만이 인왕상을 마주보는 형국이 되었는데, 1960년대 문화재관리국의 복원공사에서 다른 신중상들과 함께 나란하게 펼쳐놓게 된다.

〈석굴암의 구태〉 22쪽의 도판 b와 동일 사진

〈석굴암의 구태〉라는 사진에서 우측 돌기둥 위의 첨차석 부분을 확대하면 '요(凹)'자형의 홈이 선명하게 드러난다. 홍예석 자리이다. 원래의 홍예석은 토석 더미에 매몰되어 있었던 것으로 추정된다. 일제의 공사 당시 발굴된 부재들 목록에 '홍예 파편'이 들어 있다.[『석굴암수리공사보고서』(p.90) 〈고재출토일람표(古材出土一覽表)〉] 지금의 홍예석은 일제가 새로 제작해 대체한 것이다.

기차 터널처럼 변한 석굴암 입구

공사 후의 석굴암 정면 근경(일제시대 사진엽서)

전실에 전각을 세우지 않고 진입로 좌우의 돌담과 비도 전면을 시멘트 옹벽으로 처리해 석실법당이 마치 기차 터널과 같은 외관을 갖게 되었다.

공사 후의 석굴암 측면 근경(일제시대 사진엽서)
화창한 날에 촬영된 왼쪽 사진과 달리, 비가 멎은 후
전실과 주실이 모두 습기와 곰팡이로 덮여 있다.

공사 후의 석굴암 원경(『조선경주지미술』, 예초당, 1929)

석실법당 앞마당으로 통하는 중간 계단(관광객 기념사진)
앞마당의 시멘트 석축 옹벽과 지금의 수광전을 연결하는 신축 돌계단

일제는 석실 본체의 재조립 공정이 마무리된 후 법당 전체를 1미터 이상 두께의 시멘트로 덮어버리고, 비도 지붕의 전면 및 전실 앞의 자연석 돌담을 시멘트 석축 옹벽으로 처리한다. 마무리 단계로, 그들은 시멘트 두겁 위에다 봉토를 하고, 잔디를 입혀 석실법당의 모습이 일견 고분의 형상을 띠게 된다. 외관이 고분과 같다는 옛 문헌에 근거한 조치였다. 아울러 주실부터 전실 및 진입로까지의 바닥 전체를 역시 시멘트로 뒤덮고, 앞마당을 넓히고 요사채로부터 앞마당까지의 돌계단을 말끔하게 개축한다. 본 공사만 만 2년에 걸친 대역사가 종료된 것이다.

1909~1915년
朝鮮總督府, 『朝鮮古蹟圖譜』, 第5册, 1917

『조선고적도보』 발간은 조선총독부가 일제강점 초기에 조선의 문화재를 파악하고 관리할 목적에서 국책사업의 일환으로 추진하여 총 15권이 연차적으로 발간된다. 제5책《통일신라시대편》 중 석굴암 부분에는 세키노가 1909년에 조사한 사진을 비롯해 조선총독부가 주관하였던 수리공사 당시의 해체된 조각상 사진 및 이후의 석굴암 사진이 수록되어 있다.

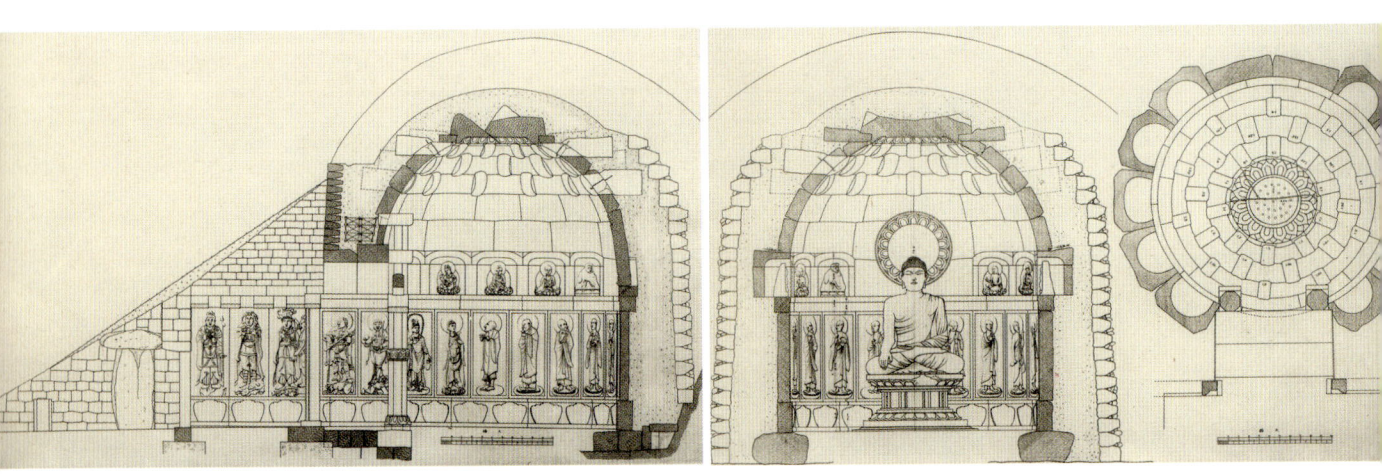

『조선고적도보』 제5책에 실린 공사 후의 석굴암 도면들

 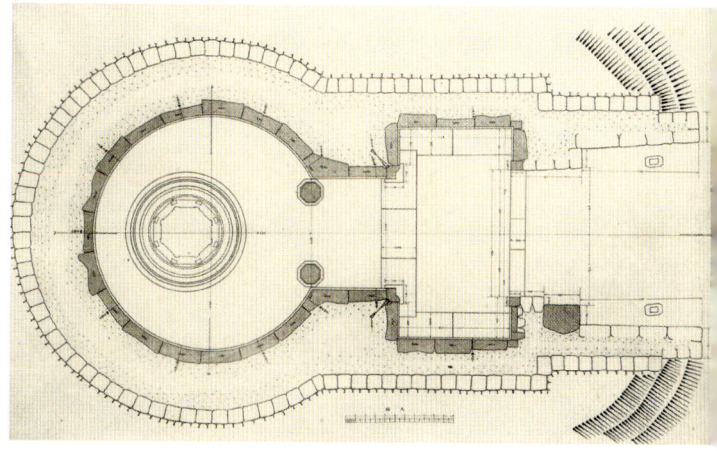

慶州古蹟保存會의 사진집
『新羅舊都 慶州古蹟圖彙』, 慶州古蹟保存會, 1929

경주고적보존회에서 경주의 유적 유물을 담아 간행한 가로 36.5cm×세로 26.5cm의 대형 사진집이다. 총독 사이토 마코토(齋藤實)에 뒤이어 친일파 이완용(李完用), 박영효(朴泳孝) 등의 휘호를 포함한 총 49쪽 가운데 석굴암 사진은 7쪽에 걸쳐 석굴 원경, 본존불 정면상, 마하가섭, 나가, '훔' 인왕, 지국천, 보현보살, 십일면관음보살, 유희보살, 삼층석탑의 10매가 실려 있다. 이후 이 사진집은 사진이 교체된 동일 제목의 증판을 비롯해 축소판도 나온다.

석굴암 수리공사 이후의 모습을 담은 주요 사진자료

1. 『석굴암과 불국사(石窟庵と佛國寺) - 조선고미술대관(1)』(奈良 飛鳥園, 1927)

　　비조원이라는 출판사를 운영한 사진작가 오가와 세이요우(小川晴暘)가 직접 촬영한 것으로 아마누마 슌이치(天沼俊一)와 미나모토 도요무네(源豊宗) 등 최고의 필진이 해설을 맡고 있다. 일제는 1924년부터 대대적인 불국사 복원에 나서는데, 『석굴암과 불국사』는 불국사 공사가 끝난 후 두 사찰을 함께 다루고 있다. 석굴암 82매, 불국사 18매 등 총 100매의 풍부한 양을 자랑할 뿐만 아니라, 매 인화사진을 수작업으로 대지에 일일이 붙인 낱장들로 구성하고, 별도의 상자를 제작한 그 정성은 오늘의 우리를 부끄럽게 하기에 충분하다. 사전에 주문을 받아 생산한 까닭에 그 양이 많지 않으며, 황수영이 『석굴암과 불국사』(불국사, 1995)라는 제목으로 영인 간행한 바 있다.

2. 『불국사와 석굴암(佛國寺と石窟庵) - 조선보물고적도록(Ⅰ)』(조선총독부, 1938)

1910년대에는 석굴암, 1920년대에는 불국사를 순차적으로 보수한 총독부에서 그 준공 기념의 뜻을 담아 사계의 권위자를 총동원해 공식적으로 펴낸다. 곧, 후지타 료사쿠(藤田亮策, 1892~1960, 조선총독부 근무)가 이마세키 미쓰오(今關光夫, 1929년부터 경성제국대학 법문학부 사진실에 근무한 사진기사)와 사와 슌이치(澤俊一, 조선총독부 박물관 사진기사)에게 사진 촬영을 의뢰하여 제작한 것이다. 『조선고적도보』제5책이 공사 전의 황폐한 석굴암을 다루고 있다면, 이 사진화보집은 나름대로 면모를 일신한 석굴암을 통해 조선 통치의 효율성을 과시하려는 강한 의도가 엿보인다. 그러나 역설적이게도 1차 보수공사가 절반의 성공에 그쳤음을 각종 오탁에 덮여 있는 조각상들을 통해 자인하는 형국이 되었다. 그럼에도 불구하고 1910년대 보수공사의 공과를 이해하고, 1960년대 보수공사와의 관계를 재구성하는 데는 더없이 유용한 사료이다.

총 76쪽 중에서 불국사 부분은 19쪽으로 경주지역 지도 1매, 불국사 도면 2매, 다보탑 입면 및 평면 실측도 2매 외에 사진이 28매로 이루어져 있으며, 석굴암 부분은 모두 67쪽으로, 경내 지도 1매, 석실 구조의 정면도 1매, 돔 천정의 평면도, 석실 구조의 평면도 1매 및 종단면도 2매, (판석)평면도 외에 사진 75매로 구성되어 있다. 각 페이지가 낱장으로 되어 있고, 상자를 따로 제작했는데, 일부는 동양헌사진관의 사진과 일치한다.

1981년에 도쿄의 출판과학총합연구소에서 『조선고고자료집성』제8권 『경주남산의 불적』과 함께 영인한 바 있으며, 2004년에는 부산의 '민족문화'에서 낱장으로 된 원본과 달리 대형책자 형태로 조원영의 편역본을 간행한다.

3. 우메하라 스에지(梅原末治) 자료

　　총독부의 『불국사와 석굴암』 발간에 참여한 우메하라 스에지가 수집한 것으로 『매원고고자료목록 - 조선지부』(동양학술협회, 1966)에 석굴암 사진이 수록되어 있다. 앞의 『불국사와 석굴암』의 저본이 된다고 할 수 있는데, 동양헌 사진들도 섞여 있으며, 일부는 총독부의 1차 공사 이전 것들이다. 모두 108매에 이르며, 『매원고고자료목록 - 조선지부』의 3484번부터 3571번에 해당한다. 동양문고 홈페이지에서 이들 자료를 열람해 볼 수 있다.

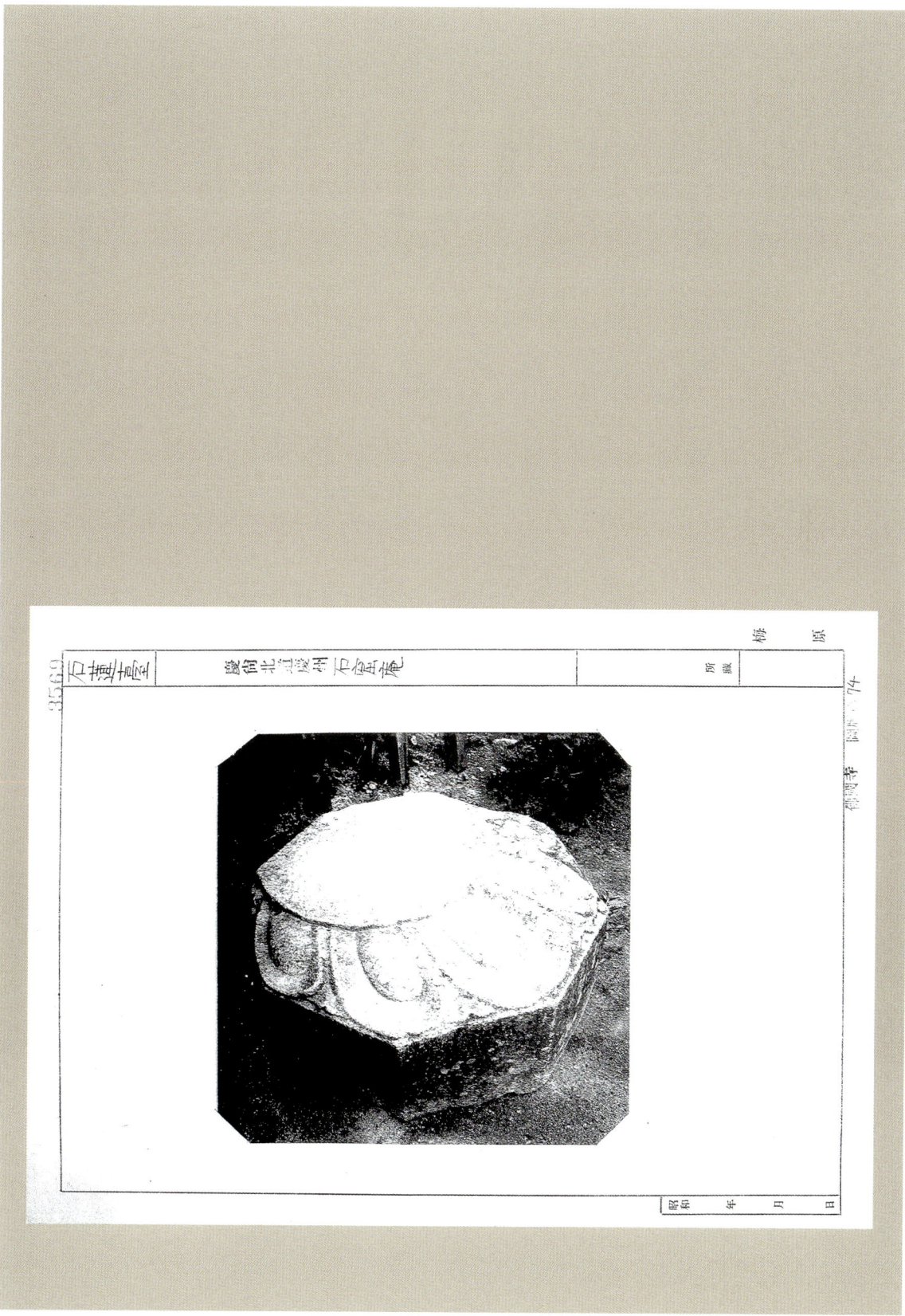

3. 우리 손으로 석굴암의 정체성을 되찾다

문화재관리국의 복원공사 : 1961~1964년

이 한 장의 사진,
1951년의 석굴암 본존불

1945년, 해방이 왔다. 그러나 해방공간의 어수선한 분위기와 6·25전쟁, 빈곤과 정치 사회적 혼란 속에서 석굴암은 계속 방치되었다. 1950년대에는 이미 조각상들의 피해가 육안으로 확인될 지경에 이르렀지만, 대책이라고는 일제가 하던 대로 증기 세척이 전부였다.

이 한 장의 사진은 해방 이후에도 석굴암을 외면한 우리의 무심을 고발하고 있다. 본존불의 어깨와 흉부에 흘러내린 새똥이 말라붙어 있고, 전신은 이끼와 곰팡이, 먼지 등으로 까맣게 오염되어 있다. 김한용은 "촬영 당시 석굴암 내부에 어지러울 정도로 많은 이끼가 끼어 있었다"라고 말한다. 전실 전각의 부재가 낳은 결과이다.

1951년 김한용의 사진

석굴암 보수공사를 하다

1960년대 들어서야 문화재관리국의 주도하에 복원공사가 추진된다. 발의부터 준공까지 만 4년이 소요된 당시 공사에서는 전실에 전통 목조 전각을 건립할 것, 전실의 금시조와 아수라 두상을 펼칠 것, 이전의 시멘트 두겁 위에 제2의 시멘트 두겁을 새로 시공할 것, 시멘트 석축 옹벽들을 철거해 진입공간을 전통적인 조경으로 바꿀 것 등의 사항이 결정된다.

전실 전각이 설치되어 있는 석굴암

전실 전각을 설치하다

전실 전각의 설치는 악천후와 짐승 등의 침탈을 막는 것뿐만 아니라 관람객으로부터 석굴암을 보호하고 법당 본연의 기능을 회복시키기 위한 목적에서였다. 20세기 초의 석굴암을 기준으로 하여 원래 전각이 없었다는 반대 의견과, 그 형식과 용재를 두고도 유리나 플라스틱으로 하자는 분분한 의견 속에 전통 전각의 설치가 최종적으로 결정된 것이다. 이것은 외관상의 측면에서도 최선의 선택이었다. 흉물스럽던 시멘트 석축 옹벽을 철거하고 전각을 세움으로써 기차 터널에서 법당의 면모를 갖추게 되었기 때문이다.

전실 전각이 없는 석굴암의 겨울(1952년에 촬영된 관람객 기념사진)
왼쪽 신중 판석 위의 석재들에는 얼음이 빙폭을 이루고, 고드름이 길게 매달려 있다. 또한 바닥에는 일차 눈을 쓸어냈지만 얼어붙은 눈덩이가 깔려 있다.

콘크리트 두겁,
미해결의 과제로 남다

콘크리트 두겁의 철거 문제는 일종의 딜레마였다. 봉토층을 타고 시멘트층으로 연중 침투하는 수분을 근본적으로 차단하자면 철거해야 마땅하나, 토치카처럼 견고한 두겁에 철거 충격이 가해질 경우 내벽 조각상들의 피해가 번연히 예견되었기 때문이다. 그것의 철거는 시멘트 자체의 물리적 수명이 다할 때까지 유보할 수밖에 없었다.

결국 원래의 두겁에서 1미터 이상의 공간을 두고 새로 시멘트 두겁을 시공한 것은 빗물을 새 두겁에서 걸러내 원래의 두겁까지 직접 닿는 일만큼은 방지하려는 의도에서였다. 결과적으로 이중(二重)의 시멘트 두겁이 석실법당을 에워싼 형국이 되었지만, 1차 두겁의 철거가 불가능한 상황에서 나온 부득이한 조처였다.

2009년 현재, 1·2차 시멘트 두겁 사이의 공간에 설치된 문

『석굴암수리공사보고서』(제65도) 2차 시멘트 두겁의 시공 장면

금시조와 아수라의 제자리 찾기

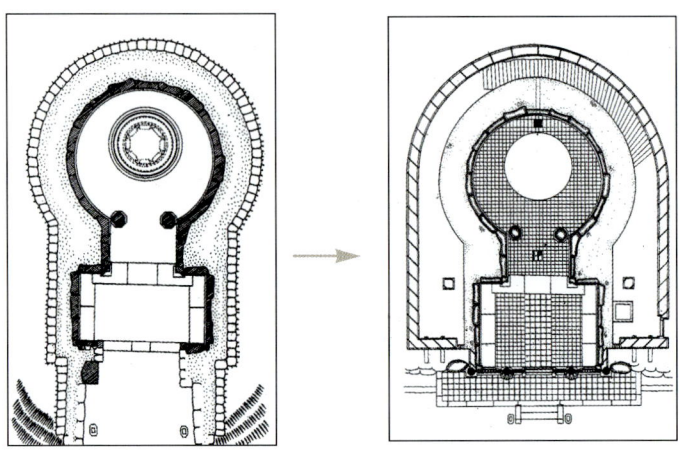

전개된 좌우측의 아수라 · 금시조상과 평면도의 변화

일제가 구축한 진입로의 시멘트 옹벽이 철거되면서, 옹벽의 좌우 끝부분(절곡부)에 각각 부가되었던 금시조상과 아수라상을 다른 상들과 나란히 세웠다. 전체적으로 꺾였던 날개를 활짝 편 형국이다. 일차적으로는 팔부신중의 대열에서 그들만 이탈해 있던 부자연스러운 현상이 해소됨은 물론, 옹색했던 전실 면적이 확장되면서 예불 등의 신행활동에 보다 여유를 갖게 된다. 더욱 중요한 사실은 주실과 전실 사이에 존재하던 면적상의 심각한 불균형 및 수리비례의 불일치를 극복해 창건 당시의 조화와 균형을 되찾은 점이다.

1960년대 공사에서 다른
상들과 나란하게 펼쳐진
아수라상 ▷

일제 때의 아수라상 ▽

1960년대 공사에서 다른
상들과 나란하게 펼쳐진
금시조상 ◁

일제 때의 금시조상 ▽

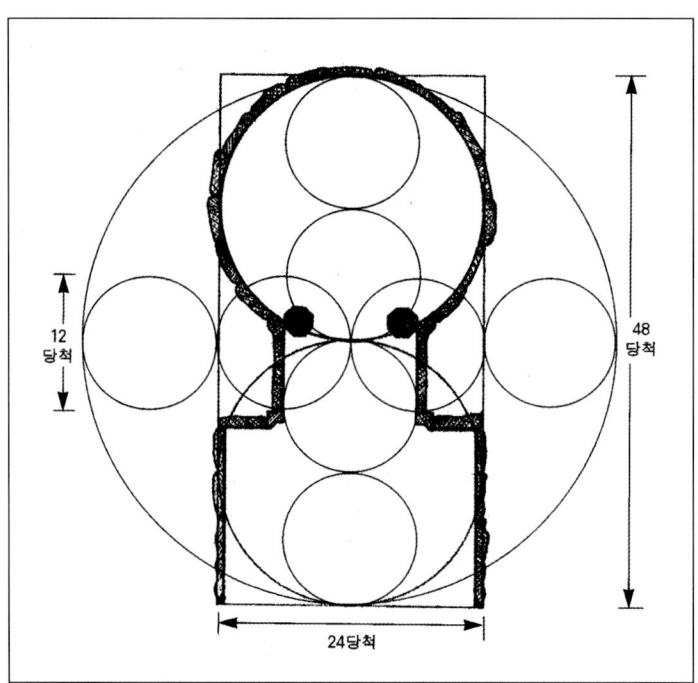

두 상을 전개할 경우, 상하 및 좌우로 각 4개의 원이 십자로 교차되는 경이로운 장면이 연출되며, 주실과 전실의 면적이 거의 대등한 값을 이루게 된다. 작은 원의 기준 12당척은 본존불 대좌의 하단부 지름이다.

구면(九面)관세음보살에서 십일면(十一面)관세음보살로

북방 다문천,
매몰되었던 보탑을 되찾다

본존불의 대의와 좌대의 상처를 치유하다

첨차석의 숫자를 정상화하다

일제의 공사 후 전실 좌우 판석 위의 첨차석은 각 4개였으나, 1960년대 공사에서 인왕과 마주하고 있던 팔부중 끝에 위치한 두 상을 펼치면서 1개씩을 추가해 좌우 똑같이 5개씩이 되었다.

| 인왕 | 첨차석 1 마후라가(데바?) | 첨차석 2 야차 | 첨차석 3 긴나라 | 첨차석 4 금시조 | 시멘트 석축 옹벽 |

↓

| 인왕 | 첨차석 1 마후라가(데바?) | 첨차석 2 야차 | 첨차석 3 긴나라 | 첨차석 4 금시조 | 첨차석 5 (차단 유리) |

일제시대의 전실 우측 판석 및 첨차석 위치와 1960년대 공사 이후의 변화

⟨토함산석굴중수상동문⟩ 현판을 찾다

동국대학교박물관에는 울산병사(蔚山兵使) 조순상(趙巡相)이 1891년에 석굴암의 전실 전각을 중창하고 남긴 ⟨토함산석굴중수상동문⟩이 소장되어 있다. 일제의 공사 중에 발굴되었으나 이후 행방을 모르다가 1960년대 보수공사 도중에 토막난 채 해우소 벽에 못 박혀 있는 것을 찾아낸 것이다.

토함산석굴중수상동문

　　들건대 미타굴(彌陀窟)과 금강대(金剛臺)는 모두 다 거듭 새롭게 중수한 정토도량(淨土道場)이요, 도솔궁과 은색계(銀色界)는 어느 것인들 면목을 일신한 기원정사(祇園精舍)가 아니랴. 그러나 이는 그저 완성에 가깝다는 것일 뿐, 앞으로 계속 보완해야 하리라.

　　저 불국사의 석굴암은 실로 신라시대의 가람(伽藍)이다. 뛰어난 장인(匠人)이 새기고 쪼았으니, 화려하기는 수정으로 쌓은 성 같고, 보배로운 모습은 단아하고 장엄하니, 엄연하기는 거룩한 사굴의 성역을 닮았다.

　　처음엔 깊디 깊은 인도의 불교로부터 나왔으나, 여기 넓디 넓게 전파된 범찰(梵刹)의 궁전을 본다. 고생스럽게 길러 주신 양세부모(兩世父母)의 은혜를 갚기 위하여 어진 재상(宰相)은 온 힘을 기울였고, 바다처럼 넓은 천불장엄(千佛莊嚴)의 세계를 열기 위하여 법(法) 높은 신승(神僧)이 협심협력하였다.

　　대천세계(大千世界)는 산호 봉우리로 표치(標幟)를 세우고, 제일(第一) 산천(山川)은 극락(極樂) 연대(蓮坮)로 안(案)을 삼았으니, 칠보향화(七寶香花)는 탈해신전(脫解神殿)을 비치고, 팔법공수(八法功水)는 문무왕릉(文武王陵)에 파도치며, 옥녀(玉女)는 구천(九天)에서 공양(供養) 올리고, 금선(金僊)은 삼계(三界)에 성스러움 보이도다.

　　누(樓)와 대(臺)를 장식하니 차거(硨磲), 유리(琉璃)처럼 찬란하고, 섬돌과 기와에 꽃피니 파려(玻瓈) 마노(瑪瑙)같이 빛난다. 수천 년을 예불인연(禮佛因緣)으로 이어왔고, 오백 년 동안 버티었으니, 그 운명 또한 국운(國運)의 시종(始終)과 함께 하였다. 법(法)의 구름이 포근히 드리우니 불붙는 집은 아침처럼 서늘해졌고, 슬기의 해가 밝게 비추니 칠흑의 어둠은 야광주(夜光珠)같이 환하도다.

　　조순상(趙巡相)이 양식(糧食)을 제공함은 금줄[金繩]을 그어 깨달음의 길을 연 것이요, 모든 동원(洞員)들이 계(契)를 마련함은 보배의 뗏목을 띄워 자항(慈航)을 대신함이다. 짧고 긴 서까래는 전각구도(殿閣構圖)가 굉걸(宏傑)함을 보이고, 붉고

푸른 이끼는 돌의 모양새가 어긋져 가즈런함을 알린다.

허나 이제 오랜 세월이 흘렀으니 비바람에 흔들리고 씻기움을 어찌하랴. 구슬의 누대(樓臺)와 옥의 전각(殿閣)은 풀나무와 가시덤불에 파묻혔고, 학의 가전과 무지개 다리는 여우와 토끼의 자취로 얼룩졌다.

경영할 일이 엄청나지만 개미와 같이 미약한 힘을 헤아리지 않고 재물을 내놓아 함께 용궁(龍宮)의 제도를 회복하고자 장인(匠人)과 동량을 불러모았다. 이어 새로운 규모로 초창(草創)하여 아름다운 채색으로 단장하고 보니 이제야 겨우 옛 모습에 비길 만하다. 단지 전공(前功)을 가석하게 여길 뿐, 후규를 폐하지는 말지어다.

법다운 새가 법음을 읊조리니, 축하함이 더욱 깊고, 신령스러운 독수리가 안목을 점검하니 나래를 펴고 나는 듯하다. 사간의 시를 쓰니 도끼질이요 톱질이요, 대장의 송에 맞추니 둥글고 빛나도다. 쌍무지개 나란히 들어 모두 함께 육위가(六偉歌)를 부르도다.

어여차. 들보를 동쪽에 걸어라.
우뚝하게 높이 솟아 하늘가에 반쯤 서니
산빛 풀빛 아스라이 외탑 밖에 아롱지고
태양빛은 제일 먼저 소암 동쪽 비춰 댄다.
어여차. 들보를 서쪽에 걸어라.
상서안개 영롱하니 푸른 기와 정연하고
부처님께 예 올리니 향기로움 그윽한데
석양 노을 옮겨 와서 영지 서쪽 물들이네.
어여차. 들보를 남쪽에 걸어라.
연꽃 같은 천 사람이 푸르름에 잠겼는데
높다랗게 하늘 닿아 땅에 박힌 저 뿌리여
용 서리고 범 앉으니 남쪽 땅이 편하구려.
어여차. 들보를 북쪽에 걸어라.
메뿌리의 바위마다 회색빛이 찬연하고

드리워진 북두칠성 바위틈새 가경이니
굵은 비는 어진 산승 북쪽 향해 엎드렸네.
어여차. 들보를 위쪽에 걸어라.
황금빛깔 옥호광명 만길이나 뻗치었고,
이끼 서린 옛 얼굴이 돌 모양새 완연하니
향과 꽃을 손에 잡고 위를 보며 공양한다.
어여차. 들보를 아래에 걸어라.
패엽 경전 독송함은 매일 하는 과업이라
여법하게 예불하는 저 경지를 살펴보오.
건듯 부는 맑은 바람 탁자 아래 스며든다.

바라옵나니 상량 후에 불일은 더욱 살아 빛나고, 도량은 갈수록 무게를 더하소서. 낭원이 하늘 높이 우뚝함은 신중이 자비로써 보호한 것이요, 금강이 하늘악에 거꾸로 섬은 선려가 지성으로 공양을 올렸기 때문이다.

경을 읽어 뜻을 보는 성사(聖士)는 마음을 기울여 힘써 배우고, 열반을 찾아 진실을 구하는 원인(願人)은 읊조리며 흥겹도다. 법륜은 항상 구르고, 향해(香海)는 길이 맑으리라.

성상즉조(聖上卽祚) 28년 신묘(辛卯) 4월 불탄일(佛誕日) 조선국 영좌(嶺左) 경주부(慶州府) 동해상(東海上) 구지산거사(九芝山居士) 손영기(孫永耆) 지음

〈상동문〉의 원문은 일본의 저명한 불교미술사가인 오노 겐묘(少野玄妙)가 『극동의 3대예술』에 처음 채록해 실어둔다. 이후 『석굴암수리공사고서』에 재수록되고, 황수영의 번역문이 『석굴암』(열화당, 1989)에 실린다.

진리의 등불이 되어 다시 타오르다 ; 백호광명을 되찾은 본존불

1960년대 문화재관리국의 복원공사는 오도된 것을 바로잡은 광정(匡正)의 기록이라 해도 과언이 아니다. 일제 강점기에는 그들의 전리품으로, 박제된 사원으로, 해방 후에도 한동안 관광 명소에 머물러 있던 석굴암이 과거의 악몽을 털어내고 종교성 전으로서의 위상을 되찾은 것이다. 가깝게는 식민의 아픈 기억이 청산되었으며, 멀게는 창건 이래 1,200여 년 동안, 수차례의 퇴락과 중수를 거듭하면서도 기적처럼 보존되어 온 석굴암이 다시금 진리의 불빛을 온누리에 비출 수 있게 된 것이다.

20세기 초의 본존불 이마에는 백호(白毫)가 보이지 않았다. 훗날 오쿠다 테이(奧田悌)의 기록에는 총독부의 공사 중 발견했다고 나와 있으나 다시 행방이 묘연해진다.(오쿠다 테이,『신라구도경주지』, 옥촌서점, 1920) 총독부의 공사나 1960년대 공사에서 수선의 기회를 얻지 못해 내내 그 자리가 비어 있었다. 문화재관리국의 보수공사가 끝난 직후인 1966년 7월 8일, 문화재위원회 제1분과 2차 회의에서 그것을 원상복구하기로 결정한다. 곧이어 같은 해 8월 9일에 모두 세 개의 샘플 중에서 직경 4cm, 두께 0.7cm 크기의 국산 수정을 골라 순금판으로 받쳐 시공하기에 이른다.(『미술자료』제11호, 국립중앙박물관, 1966. 12)

1997년, 유네스코 세계문화유산에 등록되다

석굴암에는 붓다를 향한 신라인의 종교적 열정과 참된 아름다움을 향한 그들의 예술적 영감이 빛나고 있다. 바로 그 통일적인 미감으로 말미암아 석굴암은 '불멸의 추상(抽象)'으로 찬미되고 있는 것이다.

20세기 초, 그 존재가 외부에 알려지기 시작하면서 국내외의 심미안들로부터 찬사를 받아왔다. 그리고 1997년에는 유네스코가 지정하는 세계문화유산에 등록된다. 석굴암은 민족의 보배에서 전 인류의 보물로 새로운 21세기를 맞게 된 것이다.

4. 석굴암, 미(美)의 천체도 사진 | 안장헌

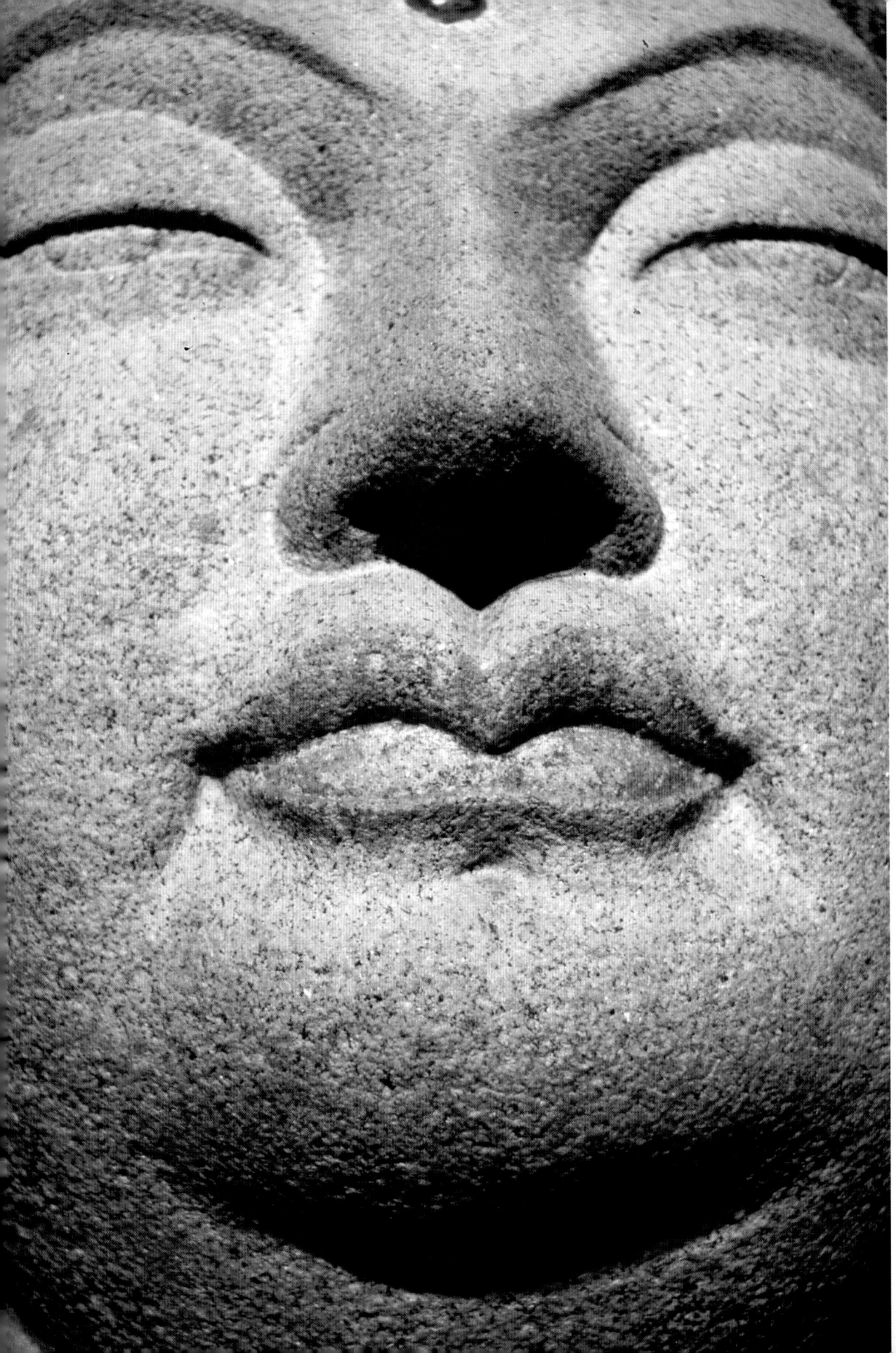

II. 석굴암, 근대를 다시 생각하다

1. 조선병탄의 전리품
2. 그 돌이킬 수 없는 건강기록부
3. 석굴암 부처님과 동해 일출
4. 석굴암의 사진엽서
5. 석굴암을 방문한 사람들

1. 조선병탄의 전리품

황국(皇國)이여, 영원하라!

식민 개척 초기에 산적한 난제들을 젖혀놓고 총독부가 석굴암 수선에 나선 배경을 짐작하기란 어렵지 않다. 붕괴될 경우 혹여 있을지 모를 조선인들의 동요도 고려했겠지만, 첫 번째로는 식민통치의 정당성과 효율성을 과시하고, 자신들이 조선반도의 유일한 주인임을 천명할 수 있는 절호의 기회로 여겼을 것이다. 이를 뒤집어 말하면, 선조가 천하의 보물을 물려주었음에도 불구하고 그 가치조차 알아보지 못하는 조선인의 무지를 드러내고, 그토록 귀한 대사원이 망실될 처지에 놓여 있어도 관심조차 기울이지 않은 구(舊)대한제국의 무능과 후진성을 폭로할 수 있는 더없이 훌륭한 수단이기도 했다. 둘째로는 언필칭 동양문명의 수호자라는 대일본제국의 이미지를 제고시킬 수 있다는 셈속도 있었을 것이다. 훗날의 대동아공영권 건설이라는 허황된 슬로건이 말해주듯 그들은 구미 제국의 침탈로 위기에 처한 동양을 구한다는 신념을 갖고 있었다. 셋째로는 초대 총독으로서 데라우치 개인의 문화적 안목을 알리는 동시에 그 치적을 남기려는 욕망도 응당 작용했을 것이다. 강압적인 무단통치로 식민 초기의 기틀을 다져나가던 그의 입장에서는 온유한 이미지도 필요했을 것이다.

그러므로 보수공사가 끝난 후 총독부가 '새롭게 탄생한 석굴암'을 어떻게 활용했을지는 불을 보듯 뻔한 일이었다. 청나라나 러시아의 식민지로 떨어졌을 조선을 자신들이 구해주었다는 식의 정치적인 논리를 그대로 적용해, 그냥 방치했다면 수개월 내에 붕괴되고 말았을 석굴암을 자신들이 거금을 투입해 중창했다는 식이었다.

『석굴암수리공사보고서』(제100도)
일제의 1차 수리공사 때에 자행된 것으로 추정되는 석굴암 천정석의 '日本'이라고 새겨진 낙서. 1960년대 공사에서 제거한다.

그들에게 있어 석굴암은 조선반도에서 약탈한 최상급의 전리품 그 이상도 이하도 아니었다. 그 생생한 증거가 1910년대 보수공사 와중에 석굴암에서도 상징성이 큰 천개석에 새겨놓은 '일본(日本)'이라는 두 글자이다. 그것은 석굴암이 대일본제국의 소유물이라는 저주의 문신과도 같은 낙인(烙印)이었으며, 천황폐하에게 바치는 봉헌물이라는 의미였다. 총독부는 패망으로 물러날 때까지 석굴암이 전리품이라는 시각에서 벗어나지 않았고, 그러한 시각에 맞춰 관리하고 통제했다.

석굴암과 일본 황족 그리고 친일 귀족

석굴암은 현해탄을 건너온 일본 황족이나 군국주의 정치인, 혹은 지식인들의 필수적인 탐방 코스로 각광을 받았다. 그러나 그들에게는 석굴암이 종교성전이라는 사실 따위는 안중에도 없었다. 그들은 군화를 착용한 채 허리에 찬 닛뽄도(日本刀)를 덜그럭거리면서 주실 내부까지 호기롭게 활보했으며, 자신들의 자랑스러운 모습을 사진으로 제작해 일본 본토의 가족과 지인들에게 보냈다. 그들은 석굴암을 배경으로 대동아공영권의 야망을 키우고 다졌던 것이다.

비단 일본 제국주의자들만이 아니었다. 이 땅의 친일 귀족도, 몰락한 조선왕실의 후예도 마치 의무처럼 그들의 안내를 받아 석굴암을 찾았다. 그리하여 그들의 선진적인 토목기술에 감격했으며, 그들의 설명을 경청하면서 석굴암이 얼마나 위대한 예술품인지를 뒤늦게 깨우쳤다.

그런 분위기 속에 우리의 독자적인 시각이 존재할 틈은 없었다. 고유섭의 고군분투가 있었지만, 석굴암을 창조한 신라인의 사유와 미학을 우리의 시선으로 해석하고 우리의 입으로 설명한다는 것은 역부족이었다. 우리는 그들이 말하는 석굴암의 위대성을 앵무새처럼 되뇌일 수밖에 없었다. 많은 이들은 석굴암을 민족적 자긍심의 상징물로 삼기도 했지만, 식민의 상태를 벗어나지 못하는 한 그것은 과거의 영광에 대한 회억에 지나지 않았다.

그렇듯이 일제 강점기 내내 석굴암의 위상은 이중적이었다. 조선총독부의 입장에서는 식민통치의 우월성을 입증하고, 조선정복의 쾌감을 만끽할 수 있는 기념비였다면, 우리 민족에게는 대일본제국의 문화적 힘을 실감하고 거꾸로 우리의 후진성을 확인하는 양면성의 존재였다. 우리가 석굴암의 참주인이 되기까지는 수십 년의 세월을 더 기다려야 했다.

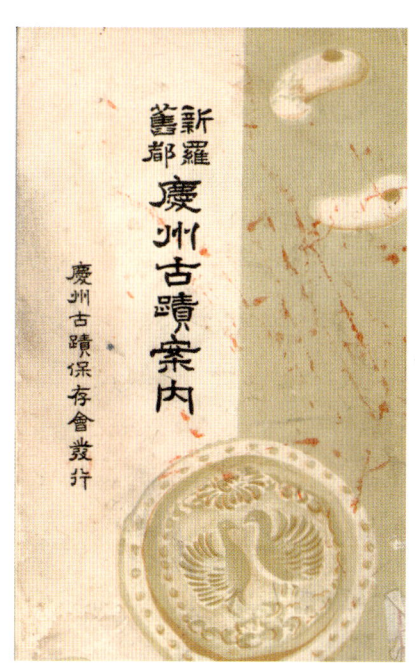

『新羅舊都 慶州古蹟案內』, 慶州古蹟保存會 發行 ; 英親王 內外(1927), 일본 황족(1935)
경주고적보존회에서 발행한, 『신라구도 경주고적안내』에는 경주를 방문한 일본 고관대작들의 기념사진 12매가 책머리에 실려 있다.

일본 황실,
석굴암의 모형을 만들다

일본 제실박물관 소장 석굴암 모형. 크기는 실물의 10분의 1이다. 주실의 중앙부를 절개해서 전후의 두 부분으로 나누어 펼친 형국인데, 그 내부를 누구나 쉽게 이해할 수 있도록 한 것이다.(『고고학관계자료모형도보(考古學關係資料模型圖譜)』제62도, 동경 강서원(岡書院), 1931, p.35)

일본은 천황을 정점으로 한 신정(神政)국가의 유구한 전통 위에 있으며, 명치유신을 거쳐 군국기무 전반을 천황이 직접 관장하게 되자 황실의 위엄이 더욱 높아진다. 따라서 근대기에 들어선 이후에도 황실의 후계자 교육은 황국의 안녕을 좌우하는 국가적 요무일 수밖에 없었는데, 그 일환으로 제실박물관(帝室博物館 ; 동경국립박물관)을 1889년에 건립한다.

제실박물관에는 대동아전쟁 전에 전 세계의 인류학 및 고고학상의 유수한 유적과 예술품을 망라해서 그 모형들이 소장되었으며, 조선의 것들도 상당수를 차지했다. 금관, 고인돌, 범종, 도자기 등 시대나 분야에 관계없이 일본인들에게 익히 알려진 것들은 대부분 전시되었고, 그중에 석굴암 모형도 들어 있었다.

석굴암 모형은 1910년대의 공사에서 시공된 콘크리트 두겁을 덮어쓴 것으로, 그들은 자신들이 수리공사한 석굴암을 황실 가족에게 학습시켰던 것이다. 제실박물관에 소장된 모형들은 모두 상야제작소에서 제작해 기증하는 형식을 취했는데, 전리품으로서의 석굴암을 황실 가족에게 헌정한 셈이다.

석굴암 십대제자의 모형
에카르트의 『조선미술사(Geschichte der Koreanischen Kunst)』(1929)에 일제시대에 제작된 석굴암 십대제자의 모형이 사진으로 수록되어 있다.

2008년 국립중앙박물관에서 열린 '통일신라 조각전'에 전시된 일제시대 석굴암 모형 상들 중 인왕상

경주, 동서(東西)가 바뀌다

〈조선고도경주명소교통조감도(朝鮮古都慶州名所交通鳥瞰圖)〉(이하 〈경주도회〉)

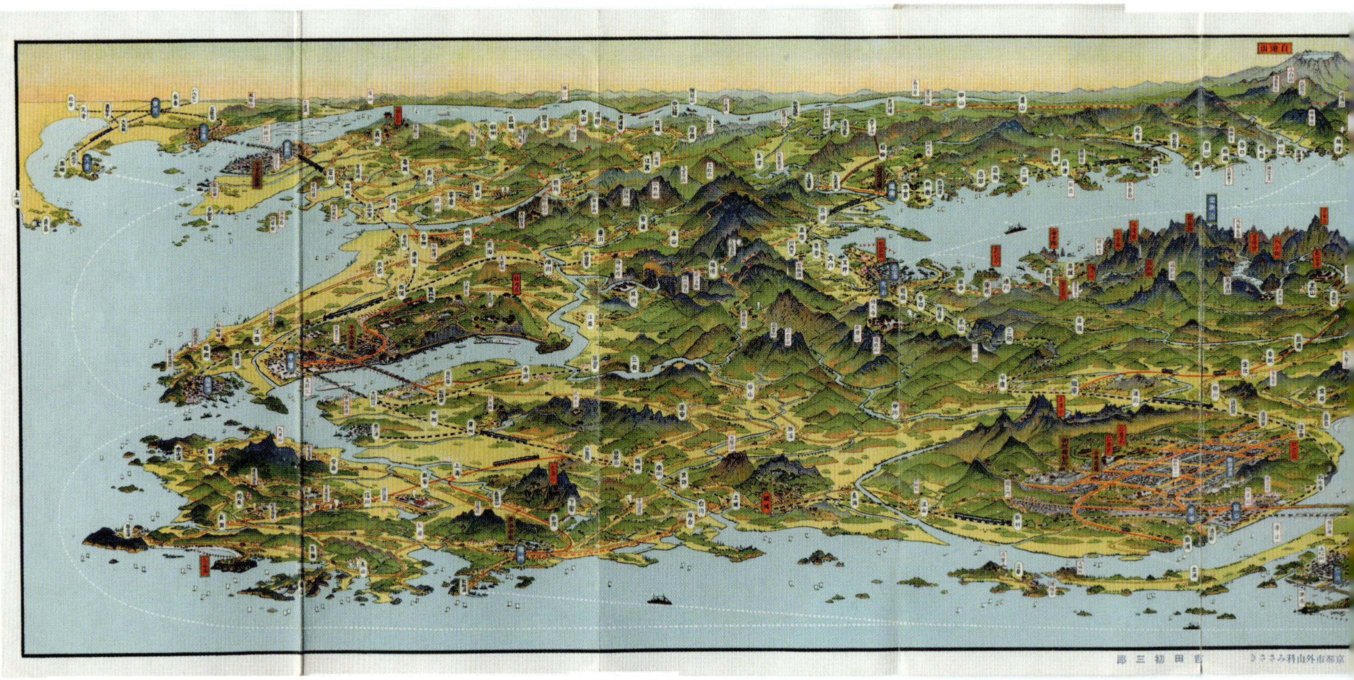

〈조선대도회(朝鮮大圖繪)〉

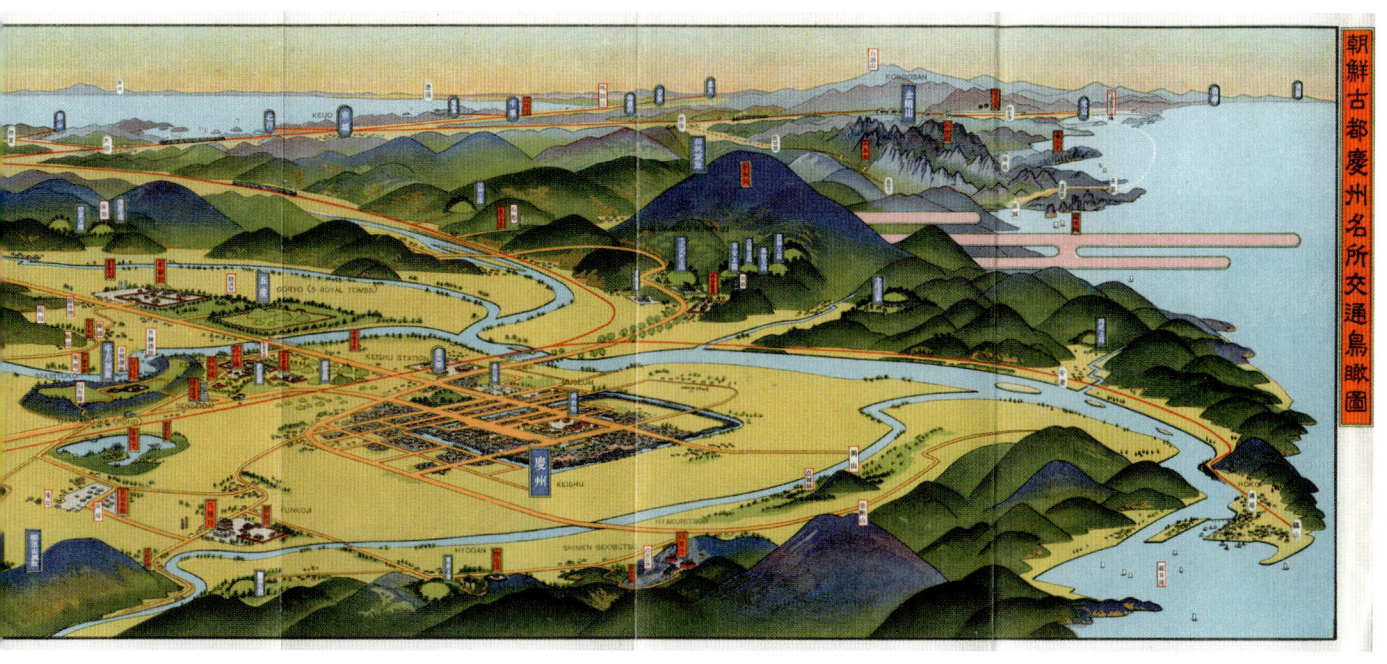

전통적으로 일본에서는 판화의 발달과 더불어 지도 제작이 활발하였는데, 이러한 경향은 근대적인 컬러 인쇄술의 발달에 힘입어 좀 더 세련된 감각의 도회(圖繪)의 대량 생산으로 이어진다. 지도와 그림을 결합함으로써 입체성을 강조하는 화려한 색감의 신식 조감도(鳥瞰圖)가 그것인데, 일본열도의 방방곡곡이 독특한 미감의 도회로 거듭났으며, 애호가들을 열광시켰다. 조선의 명승지나 도시들 역시 그들의 도회 속으로 흡사 빨려 들어가듯 속속 담겼고, 그중에서도 경주는 단골 소재였다. 크고 작은 경주 관련 도회들이 잇달아 나와 일본 내지의 유한계급을 유혹해 현해탄을 건너게 했다.

바로 그 도회들을 대표하는 것이 132쪽의 〈경주도회〉이다. 일본에서 도회의 대가로 알려진 요시다 하쓰조우(吉田初三)가 심혈을 기울인 대작으로, 석굴암과 불국사를 거느린 토함산이 주인공인 양 크게 부각되어 있다. 이 작품은 조선총독부에서 1938년도에 간행한 대형 사진집 『불국사와 석굴암』에 채택되어 그 앞머리에 실리는 행운까지 누린다.

그러나 이 작품은 지도 제작의 기본수칙을 어기고 있다. 상식적으로 지도는 보는 이의 관점에서 동서남북의 네 방위를 그리는 것이 원칙이다. 곧, 남북은 상하로, 동서는 우좌로 그리는 게 만국 공통의 준칙이다. 하지만 이 세밀하고 아름다운 그림지도에는 동방이 왼쪽으로, 서방이 오른쪽으로 그려져 좌우가 바뀌어 있다. 요시다 하쓰조우는 원래의 지형지세를 나름대로 재해석해 새로운 미감을 추구하는 작가로 유명한데, 그렇다고 하더라도 이 작품에서는 동서를 완전히 반대 방향으로 비틀어놓아 혼

란을 피할 수 없게 하고 있다.

그렇다면 요시다 하쓰조우가 경주를 바라본 입각점은 어디일까. 그곳은 다름 아닌 일본 본토이다. 경주는 동서가 바뀐 것이 아니라, 일본 본토에서 바라보이는 대로 그려졌을 뿐이다. 경주는 그렇게 타자의 시선에서 벗어날 수 없었고, 석굴암도 그들 타자의 시선에 묶인 채 해석될 수밖에 없었다.

2. 그 돌이킬 수 없는 건강기록부

석굴암은 불멸의 신품이라는 찬사가 무색하게 법당으로서의 기능을 송두리째 잃어 버렸다. 일제 고관대작들이 환호작약하면서 법당 안을 활보하고, 관광객들이 몰려다니는 뒤편에서 중병을 앓고 있었다.

석굴암은 바다와 인접한, 해발 565미터의 산중이라는 입지조건부터가 도심 및 평지 사찰과는 비교조차 안 될 정도로 열악하다. 눈비와 안개가 잦고, 바람이 거셌으며, 겨울에는 산 밑과는 천양지차로 온도가 낮았다. 1962년도 기상자료에 따르면, 연중 123일 안개가 끼고, 134일 비가 내렸으며, 40일 눈이 퍼붓고, 110일 결빙되었다.(『석굴암수리공사보고서』, 문화재관리국, 1967, pp.46~59 참조) 여기에 계절과 상관없이 염분 섞인 해풍과 안개, 나뭇잎, 풀씨, 지의류 등의 틈입과 짐승, 벌레 등의 침탈로 법당 전체가 항상 이끼와 곰팡이로 뒤덮였다. 전실뿐 아니라 주실의 조각상들도 퀴퀴한 곰팡이 냄새 속에 질식되어 갔다. 특히, 일제의 시멘트 두겁과 증기 세척기는 가장 치명적인 상처를 남겼는데, 1960년대 초반에 이르러서는 조각상의 일부가 윤곽을 알아보기 어려울 정도로 마모되었다. 창건 후 1,200년 동안의 변화보다 단 50년 동안의 훼손이 훨씬 더 컸던 것이다.

일제 공사 후의 석굴암 원경(일제 강점기 사진엽서)
봄을 맞아 지극히 평화로워 보이는 겉모습과 달리 석굴암은 신음하고 있었다.

1920년대의 본존불(안드레이 에카르트, 「조선미술사」, 1929)
본존불의 상호가 오탁에 덮여 있으며, 눈 주위 및 이마 부분만이 하얗게 드러나 있다. 흑가면을 쓰고 있는 듯한 형상인데, 사진 촬영을 위해 청태(青苔)를 닦아낸 자국이다.

시멘트의 독성을 머금은 생석회수로 얼룩져 있는 1920년대의 주실 내부(『석굴암과 불국사』, 1927)

 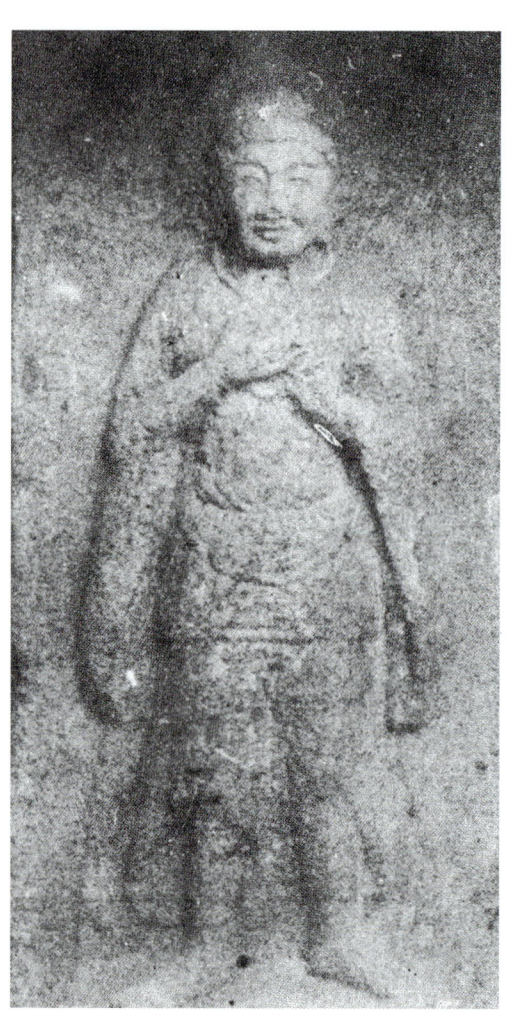

a. 1912년 늦가을의 야차상(동양헌 발행 사진첩《신라고적석굴암석불(Ⅰ)》)

b. 1960년대 보수공사 직전의 야차상(《석굴암 수리공사보고서》, 문화재관리국, 1967)

앞쪽의 a 및 b는 전실 우측의 세 번째 신중인 야차상의 사진들이다.

a의 야차상은 일제의 보수공사 전인 1912년 늦가을의 모습으로, 비록 코끝은 탈락한 상태이나 전체적으로 대단히 양호하다. 두광(頭光)처럼 머리를 두른 듯한 화염무늬도 비교적 뚜렷하고, 양쪽 손가락과 요대 및 갑주, 옷자락과 각반 등의 문양이 세세하게 살아 있다. 반면, 그로부터 50년 가량 지난 1960년대 초반의 b를 보면, 가슴의 손, 허리의 요대, 각반 등이 윤곽을 알아보기 어려울 정도로 훼손되어 있다.

1960년대 초반의 이 야차상의 실태는 다음과 같이 관찰되고 있다.

> 박리현상이 전면적으로 퍼져 있으며 각 입자의 탈락은 물론 1㎠ 이상의 크기의 박편으로 갈라질 우려가 많다. 장석(長石)의 입자에는 작은 구멍이 뚫려져 있으며 장석이 화학적 풍화를 받았음이 명백하다. 또한 각 입자의 접촉부도 평활하지 않고 요철이 심하다.(앞의 『석굴암수리공사보고서』, p.234)

천년 세월의 변화보다 일제의 보수공사 후 반세기 동안에 훨씬 훼손이 심했다는 사실은 전실 전각의 설치 결정에 설득력 있는 명분을 더해준다.

2009년 현재의 석굴암 전실 내부
보존을 위해 전실 내부에 유리보호막을 설치하여 외부인의 출입을 제한하고 있다.

3. 석굴암 부처님과 동해 일출

석굴암 조각상들과 동해의 아침 햇살을 연결짓는 시각이 있다. 일광이 굴내로 스며들어 본존불과 조각상을 비추면서 신비로운 정경이 연출되도록 설계되었다는 것이다.

현재까지 확인된 토함산 일출에 대한 가장 이른 묘사는 야나기 무네요시(柳宗悅)의 글에 나온다.

> 지금부터 3년 전인 1916년 9월 1일 오전 6시 반, 화창한 태양빛이 바다를 건너 굴원(窟院)의 불타 얼굴에 닿았을 때 나는 그의 곁에 섰다. 그것은 지금도 잊을 수 없는 행복한 순간의 추억이다. 불타와 그를 둘러싼 여러 불상이 놀라운 새벽 햇살로 선명한 그림자와 흐르는 듯한 선을 보인 것도 그 순간이었다. 굴원 안 깊숙이 서 있는 관음의 조상(彫像)이 세상에서도 보기 드문 아름다운 모습으로 미소 지은 것도 그 순간이었다. 오직 새벽빛을 통해서만 볼 수 있는 그녀의 옆 얼굴은 지금도 나의 숨을 죽이게 한다.(야나기 무네요시, 이길진 역, 「석불사의 조각에 대하여」, 『조선과 그 예술』, 신구문화사, 1994, p.104)

그러나 야나기가 목격한 장면은, 전각이 없는 상태에서 본 아침 광경일 뿐이다. 같은 글에서 "굴 밖의 여러 금강신 조상들은 언제인지는 몰라도 뚜껑도 없어져서 비바람에 손상을 입었다."라며 보호전각의 부재를 지적했기 때문이다. 그의 글은 최초의 본격적인 석굴암 담론으로, 석굴암의 예술성과 종교성을 세상에 알리는 결정적인 계기가 되었다.

그런데 이후 일본 학자들의 글에 비슷한 내용, 혹은 본존불의 백호(白毫)와 햇살을 직결시키는 내용이 빈번하게 나타난다. 오쿠다(奧田悌)의 『신라구도경주지』(옥촌서점, 1920, p.212), 곤도(近藤時司)의 『사화전설조선명승기행』(도쿄 박문관, 1929, pp.179~180), 나카무라(中村亮平)의 『조선경주지미술』(예초당, 1929, p.28) 등이 그 실례이다.

햇살 담론의 뿌리

우리 문헌에는 보이지 않던 햇살 담론이 일본인들 사이에 갑자기 집중적으로 나타나는 까닭을 짐작하기란 어렵지 않다. 말할 것도 없이 '일본(日本)'이라는 국호는 '태양의 나라'를 뜻하고, '일장기(日章旗)' 역시 '태양'이 주제이다. 『고사기(古事記)』 등에 실린 그들의 신화에서 최고신인 아마테라스[天照大神] 역시 태양신이다. 그들의 민족적 정체성과 태양은 불가분의 관계에 있는 것이다.

뿐만이 아니다. 같은 불교문화권 내에서도 일본에서는 대일여래(大日如來)가 각별한 신앙의 대상이 되어 왔다. 대일여래라면 태양신의 불교적 변용(變容)인 바, 그들이 유독 대일여래에 열광한 데에는 자기네를 태양과 동일시해 온 고대적 세계관의 영향이 컸을 것이다.

그렇게 보면 그들에게는 동해에서 태양이 떠오르는 장면부터 감회가 남달랐을 것이다. 그리고 그 빛줄기가 비도를 통과해 주실 내의 본존불에 닿고, 미명의 어둠 속에서 조각상들의 윤곽이 돋아나는 장면도 더없이 친숙하고 자연스럽게 느껴졌을 것이다.

총독부 교과서, 햇살 담론을 확산시키다

문제는 그런 인식을 담은 글이 총독부가 만든 교과서에 등장한다는 점이다.

불국사를 지나, 토함산 가파른 길을 오르기를 2km 정도, 정상에 도착했을 때는 서광이 동쪽 하늘을 붉게 물들이고 있었다. '일본해(日本海)'의 수면은 아직 어두웠다. 200m 남짓 내려가 석굴암에 도착했다. 입구의 불상은 어렴풋이 보였으나, 굴 안은 캄캄해서 아무것도 분간할 수가 없었다. 얼마쯤 지나자 서서히 어둠이 밝아왔다. 굴 안에서 먼저 모습을 드러낸 것은 화강암을 깎아 만든 석가모니의 커다란 좌상이었다. 생생한 얼굴에 '아침 광선(光線)'을 받고 있는 아름다움, 그 고귀함에 머리가 숙여졌다. 앞으로 나아가니 양쪽 벽면에 역시 화강암에 돋을새김한 보살이며 나한상들이 점차로 눈에 들어왔다. 어느 것 할 것 없

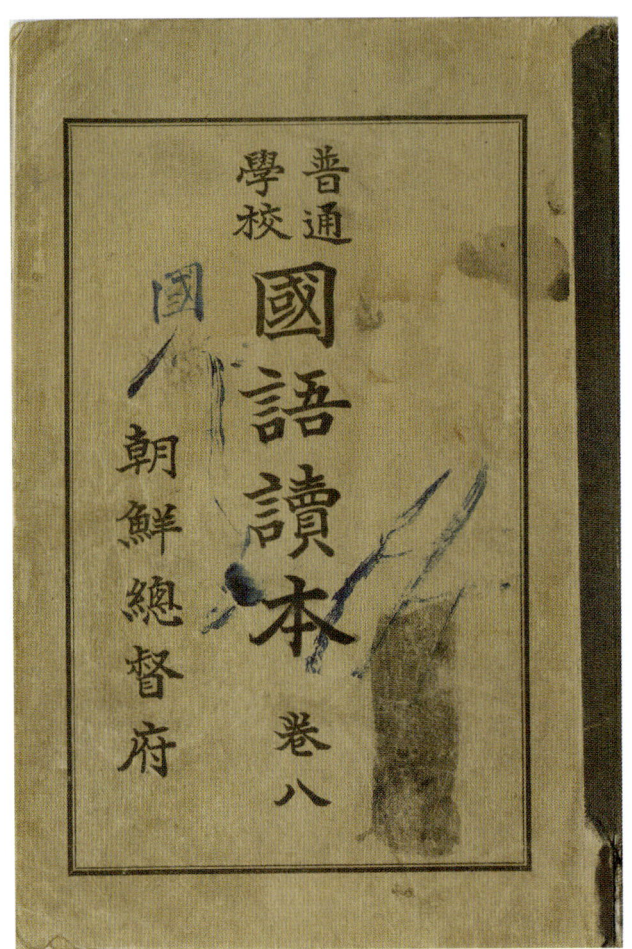

보통학교 『국어독본』(조선총독부, 1933)
일제는 교과서뿐 아니라 화보집이나 관광안내도 등에서 공사 전의 황폐한 석굴암과 공사 후의 정돈된 석굴암을 비교해 보여준다. 이 책에서는 삽화로 처리되고 있는데, 이는 총독부가 시혜자로서 직접 출연한 것과 다르지 않다.

이 뛰어나고 훌륭한 조각이어서, 그 매력에 저절로 빨려 들어가는 느낌이 들었다.

특히 석가상 바로 뒤에 있는 관세음의 부드럽고 온화한 얼굴은 정말이지 넋을 잃고 바라다보았다. 오른편에서 바라보았을 때는 혹시나 말을 하고 있는 건 아닌가 하는 생각이 들었다. 굴 안의 여러 불상들을 자세히 보고 나서, 석가상 앞으로 돌아오자 '아침 햇살'이 좌상을 온전히(환히) 비추고 있었다. 아무리 봐도 차가운 석상이라고는 생각이 들지 않았다. 나는 손을 뻗어 무릎에 놓인 석가상의 오른쪽 손가락을 만져 보았다. 나는 불상을 보고 이 정도로 정겨움을 느껴본 적이 없고, 또 이 30기의 석상을 접했을 때만큼 기분 좋은 느낌을 가져본 적이 없었다.

이런 훌륭한 조각을 남긴 사람의 이름이 널리 알려지지 않은 것은 참으로 애석한 일이다. 1,200년 전 옛날, 이 정도의 미술을 가지고 있었던 신라 문화는 분명히 시대에 앞섰던 것임이 틀림없다.

이런저런 생각을 하면서 약수터로 나왔다. 봄 햇살이 '일본해(日本海)'를 고루 비추고 있었고, 2,3척의 흰 돛단배와 5,6척의 어선이 보였다.(이혜영 역)

(조선총독부, 「석굴암」, 보통학교 『국어독본』 권8, 1933, pp.103~107)

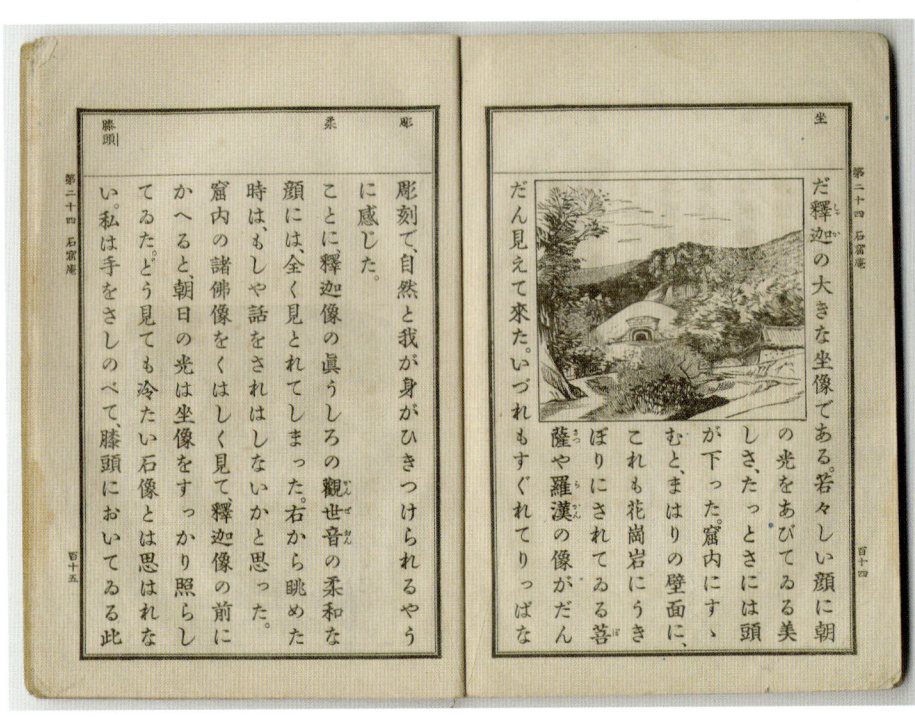

第二十四　石窟庵

だ釋迦の大きな坐像である。若々しい顔に朝の光をあびてゐる美しさ、たっとさには頭が下った。窟内にすゝむと、まはりの壁面に、これも花崗岩にうきぼりにされてゐる菩薩や羅漢の像がだんだん見えて來た。いづれもすぐれたりっぱな

彫刻で、自然と我が身がひきつけられるやうに感じた。
ことに釋迦像の眞うしろの觀世音の柔和な顔には、全く見とれてしまった。右から眺めた時はもしや話をされはしないかと思った。窟内の諸佛像をくはしく見て釋迦像の前にかへると、朝日の光は坐像をすっかり照らしてゐた。どう見ても冷たい石像とは思はれない。私は手をさしのべて膝頭においてゐる此

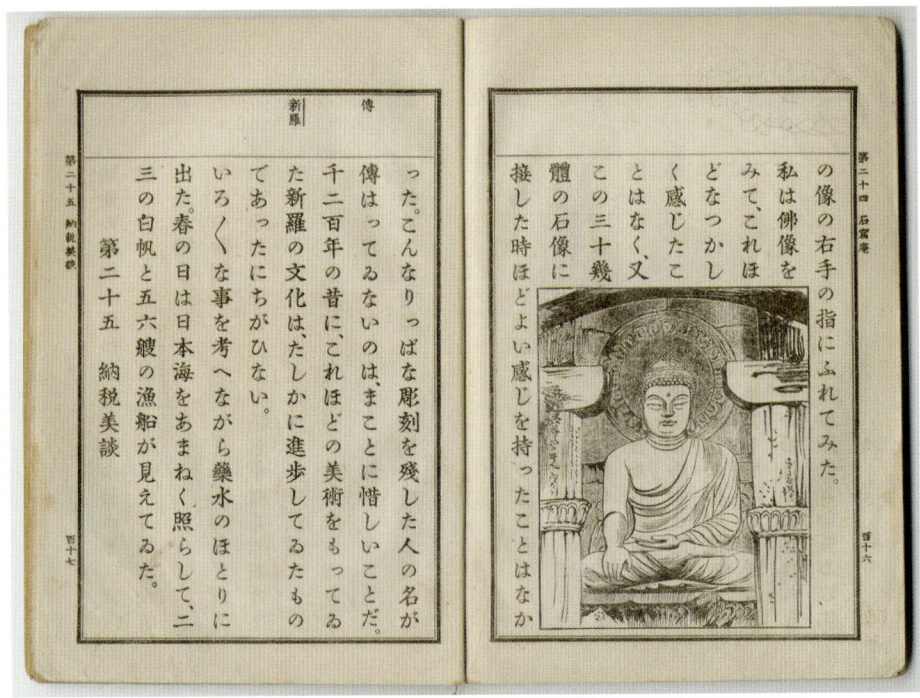

の像の右手の指にふれてみた。
私は佛像をみて、これほどなつかしく感じたことはなく、又この三十幾體の石像に接した時ほどよい感じを持ったことはなか

った。こんなりっぱな彫刻を殘した人の名が傳はってゐないのは、まことに惜しいことだ。千二百年の昔にこれほどの美術をもってゐた新羅の文化は、たしかに進步してゐたものであったにちがひない。
いろいろな事を考へながら藥水のほとりに出た。春の日は日本海をあまねく照らして、二三の白帆と五六艘の漁船が見えてゐた。

第二十五　納税美談

이 글에서의 태양은 '동해(東海)'의 태양이 아니라 '일본해(日本海)'의 태양이다. 다시 말해 '야마토(大和)의 태양'이 그 장엄한 빛으로 석굴암을 감싼다는 것인데, 그것은 아마테라스 신[天照大神]이 석굴암을 점령하는 것과 다를 바 없다.

식민지의 아이들은 '동해'가 아닌 '일본해'의 태양빛이 석굴암 본존불을 비치는 정경을 상상하면서 석굴암을 구해준 총독부, 혹은 천황폐하의 은혜에 감격을 금치 못했을 것이다. 반면, 전각조차 갖추지 못해 눈비에 얼어터지고, 짐승의 잠자리가 되고, 온갖 오물로 뒤덮인 석굴암의 현실은 떠올리지 못했을 것이다.

햇살 담론을 비판하다

연변 지역에 있던 대황구 북일중학교에서 1917년 1월부터 1920년 10월 17일까지 사용한 한글 교과서 『신문독본(新文讀本)』(상권)에서는 일본인들의 그런 인식을 부인하고 있다. 필자 미상의 기행문인 〈경주의 보배〉 중의 일부를 옮긴다.

> 수리공사에 감역(監役)을 하는 기사의 말을 들으니 이 석굴암은 (중략) 위치를 잘 가리어 아츰해 돗을 적이나 저녁 달 뜰 적이면 그 광선이 바로 굴 안에 빗취어 참으로 장관이라 하며 朝鮮사람들은 이 窟을 東海上에 싸흔 것은 海島諸國을 征服하는 意味라 하나 나는 그갓치 생각하지 아니

하나니 이 窟 자리를 여귀에 잡음은 日月을 崇拜
하는 의미나 또는 航海船을 保護하는 뜻으로 한
것이라 한다.

석굴암이 동쪽을 향해 앉은 것은 고대인들에게 보편화되어 있던 일월숭배의 단순한 표현으로 보아야 한다. 건축물을 동향으로 앉히는 것만으로도 일월숭배의 의미는 충분히 살릴 수 있는 것이다. 일월을 숭상한다고 해서 전각을 덮지 않는 경우는 상상 자체를 불허한다.

햇살 담론에 마취되다

그런데 위 『국어독본』의 〈석굴암〉과 1946년도에 발표된 미술사학자 윤희순의 〈토함산 해맞이〉가 크게 차이가 나지 않는다. 윤희순의 〈토함산 해맞이〉는 해방 후 우리의 중등과정 『국어』 교과서에 수십 년째 반복해서 실려 강한 인상을 주었는데, 전체적인 구성과 내용 및 주제까지 매우 흡사하다. 총독부의 〈석굴암〉은 현실과 동떨어진 환상을 조선 지식인의 뇌리에 이식시켰고, 윤희순 역시 거기서 자유롭지 못했던 것이다.

동해 일출과 석굴암을 결부시키는 논리는 일제 강점기의 산물이며, 오늘에까지 햇살 운운하는 것은 그들의 허황된 제국주의 논리에 동조하는 것과 다르지 않다. 햇살 담론은 폐기되어야 하며, 그것에 입각한 전각 철거론 및 홍예석 철거론도 해소되어야 한다.

윤희순의 기행문 〈토함산 해맞이〉

저녁때 불국사에 들러 일찍이 자고 새벽 다섯 시에 일어났다.

토함산 중턱에 이르니 동이 트기 시작하여 산등성이까지 뻗친 신작로의 굴곡도 짐작할 수 있었다. 산등을 넘었을 때는 날은 밝았다. 석굴암을 멀리 바라볼 때에 나는 얼마간 실망하였다. 위대한 미술을 간직한 석굴로서의 면모가 없어 보였다. 고분 같이 보이는 맨숭맨숭한 둔덕과 그림엽서 가게의 속된 유리창이며, 이런 것이 조금도 예술품을 ─ 동방의 걸작을 완상(玩賞)하는 지역의 분위기를 갖추지 못하였다. 이것을 수축(修築)하기에 수년이 걸리고 십수만 원이 들었다지만 참으로 졸렬한 수장(修粧 : 손질하고 단장하는 것)이다.

그러나 언덕 아래에서 물을 마시고 손을 씻고 석굴로 들어선 뒤에는 이러한 불평은 생각할 필요가 없었다. 석가여래상 앞에서 잠시 저립명목(佇立冥目)하고 거룩한 고인들을 추상(追想)하였다. 반개(半開)한 두 눈에 얇은 광선이 서리어 마치 여래 자신의 미간에서 광채가 나오는 것 같다. 아마도 굴 바닥으로 스며드는 미명의 새벽 광선이 반사되었으리라. 나중에 생각한 것이지만, 입구 상부의 난간 틈으로 새어 들어온 광선이었는지도 모른다. 석가모니가 보리수 밑에서 대각견성(大覺見性)한 것도 정히 이맘때였으리라, 이맘때에 마침 서광이 두 눈을 비춘다는 것은 굴을 세울 때에 미리 짐작하였던가, 우연의 신비성이었던가. 아직도 모든 것이 새벽 속에 윤곽이 번져 있어 굴내의 명명(冥冥 : 아직 어둡고 고요한)한 그늘이 가시지 않은 속에서 자애 가득한 여래의 두 눈만이 먼저 환하게 보인다는 것은 잊을 수 없는 정경이다.

관음보살의 얼굴을 보면서 선덕공주의 얼굴을 상상해 보았다. 그리고 여래(如來)와 나한상(羅漢像)에서 신라시대의 표정을 찾아보았다. 금강역사(金剛力士)의 웃는 얼굴은 무서운 모양을 하면서 얼마나 선량한 마음의 소유자이냐. 여래의 팔에는 피가 돈다. 젖가슴에서는 살냄새가 풍기는 것 같다. 관음의 팔, 손가락, 여래의 손가락, 만져 보고 싶은 충동이 생긴다. 고구려 벽화의 선보다는 훨씬 이상화된 선이다. 그리고 불국사와 더불어 고인들의 예지에 빛나는 구성적인 미감에 경탄하게 된다. 문수보살(文殊菩薩)의 비단 옷주름 밑으로 두 다리와 젖가슴의 기복을 좇아 구슬꾸러미가 알알이 쏟아질 듯 흘러내리며 서리고 감겨 있어, 새벽 바람이라도 불어 들면 금세 재그락 구슬 닥치는 소리가 날 것 같다.

　육조(肉彫)의 입체감이 점점 도드라져 올라오기에 얼른 굴 밖으로 나왔다. 그것은 해맞이를 하려는 것이다. 그때다. 새빨갛다고 할 수밖에 없지만 – 이러한 형용사는 말할 수 없이 비속된 것이다. 언어라는 것이 얼마나 부자유하고 졸(拙)한 표현이냐 – 붉은 해가 혓바닥 내밀듯이 쑤욱 솟아 올라온다. 지구가 태양을 싸고돈다는 말이 사실일지라도 아침해는 바다 저쪽에서 솟아오르는 것이 정말 같다. 반 넘어 솟아오를 때이다. 해면(海面)과 접한 부분은 황금색으로 빛나며, 이때는 해가 바닷물 속에서 솟아 나오는 것같이 보인다. 수평선에서 떨어졌을 때다. 해는 정원형(正圓形)으로 빛날 줄 알았더니 가로 퍼진 약간의 타원형으로 일그러지면서 꿈틀거린다. 이것은 해상의 수증기 까닭일까. 차차 올라올수록 이번에는 세로 가로 원의 윤곽이 부정형으로 꿈틀거린다. 움직이는 해! 그것은 끝까지 장엄한 광경이다. 황홀한 색(色)과 광(光)의 정채(精彩) 덩어리가 아니냐! 정열의 불덩이다.

　어렸을 때 개성(開成) 만수산(萬壽山)에서 새벽 일찍이 일망무제(一望無際)의 운해(雲海)를 보던 경이의 감명은 지금도 잊혀지지 않지만, 그것은 하계(下界)를 덮은 구름 위의 고요한 꿈나라와 같은 유열(愉悅)의 감흥이 있었다. 그러나 이번의 해맞이는 생명력의 충일(充溢)에서 오는 숭엄한 감격이다.

　이러한 장엄화려한 아침해의 감격을 안은 채 석굴암의 거장은 징과 망치질을 온종일 쉬지 않았으리라. 위대한 자연은 위대한 인물을 만들었다. 그리고 위대한 예술을 준다. 나는 이 해돋이의 감격 속에서 다시 석굴암의 여래상을 보고, 그리고 십일면관음보살을 보면서 자연과 예술과 인생의 혼연융합(渾然融合)된 순일(純一)의 경지에서 소요하였다.

자연은 실상 미라든지 신비라든지의 국한된 형용사를 가지고 말하기에는 너무 위대하다. 아침해가 장엄화려하다는 것은 보는 사람의 자유로운 해석일 뿐으로, 아침해 자신은 장엄한 체도 아니할 뿐 아니라 장엄한 것이 아닌지도 모른다. 석굴암을 만든 거장이 현대의 미학자, 미술 연구가 등에게 찬사를 받기 위하여 돌을 쪼은 것이 아니었으리라. 그보다는 깨끗하고 거룩한 감격에서 필생(畢生)의 사업으로서 혼신(渾身)의 생명력을 바친 것이다. 자연에 대면 예술이라는 것은 환상에 지나지 않는다. 그러나 자연 그것도 – 사람이 자유로 해석하는 자연의 미라는 것도 자연의 본질과는 딴 것의 환상이 아니었던가. 하필 왜 불승(佛僧)을 만들었던가. 그것은 시대의 힘이다. 종교의 시대의 감격은 불상이 예술가의 가장 높은 제재였을 것이다. 만일 그 거장이 신라에 태어나지 않고 이탈리아에 태어났더라면 다비드를 만들었으리라. 혹은 비너스를 만들었을지도 모른다.

산을 내려오면서 자연과 인생과 예술과 종교와 – 이런 것을 오직 감격과 흥분 속에서 뒤섞어 생각하여 보았다. (『조선예술사연구』, 1946)

4. 석굴암의 사진엽서

일본에서 사진엽서는 '회엽서(繪葉書)'라는 이름으로 크게 유행했으며, 구한말 이래 이 땅의 모든 것이 소재별, 분야별, 지역별 등으로 단 9cm×14cm의 직사각형 속에 담겼다. 경주와 석굴암에 대한 관심은 단연 높아 동양헌 외에 여러 회사가 다투어 참여했고, 조선총독부 철도국이나 경주고적보존회 등에서도 일제 패망 때까지 지속적으로 엽서를 출시한다. 여러 회사에서 '무질서하게' 촬영한 덕분에, 그것들을 한자리에 모으면 석굴암의 전반적인 상황부터 개별 조각상의 양태까지 순차적으로 재구성할 수 있다. 당시 세트로 묶어내는 관행에 따라 석굴암은 《慶州名勝十六景》 등의 경주 세트에 포함되거나 불국사와 함께, 혹은 단독 세트로 제작되었고, 그때 봉투 겉에는 《朝鮮第一石窟庵》 등의 제목을, 내지에는 약기(略記)를 실어 "실로 동양 제일의 미술작품으로 불린다."라는 식의 평을 붙였다.

石窟庵
新羅の文化が今に遺したし珠玉の名品を中に擁して
新羅佛教美術の寶庫なすをもの慶州石窟庵

THE HISTORIC REMAINS OF KEISHU.
（慶州古蹟）石窟庵遠望

石窟庵の元は石佛寺にして新羅景德王の創時に
之中央の丈六釋迦佛像を安置し、周圍の壁刻佛
像あり、其の造像の精巧意匠の妙、驚嘆に値す
。今日朝鮮に存在せる造佛像中最も卓絶のもなり。

中央釋迦ハ窟内ノ本尊佛ナリ高サ一丈一寸五分臺座一尺八寸ヲ合シテニ個ノ花崗石ヲ以テ
34 (Tomòken) 朝鮮慶州新羅古蹟　石　窟　庵　刻拓キモノナリ

INSIDE VIEW OF THE CAVE AT BUKKOKUJI TEMPLE IN KEISHU, CHOSEN.
佛彫の庵窟石寺國佛州慶む極な麗美巧精 （鮮大鮮朝）

THE BUDDHIST IMAGE SAKYA GIVES ONS MERCY AND LOVE FOREVER, KEISH
像來如迦釋きれまあ光慈 （勝名州慶）

(慶北3) 高ケ一丈餘 像迦釋龕寶窟石寺國佛窟石羅新州慶 (所名鮮朝)

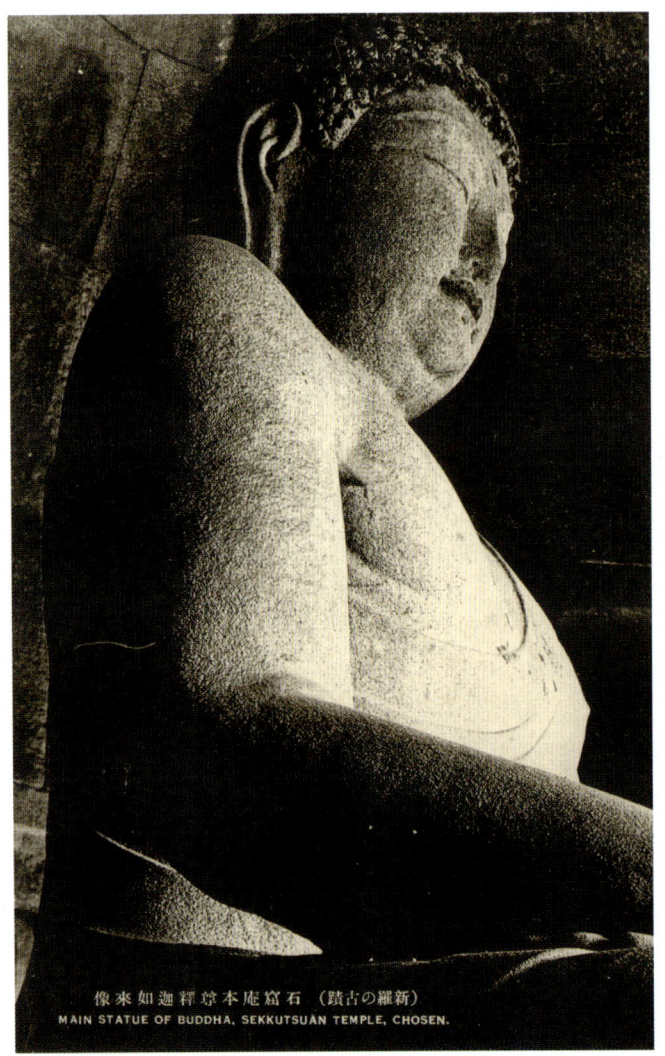
像來如迦釋尊本庵窟石 （蹟古の羅新）
MAIN STATUE OF BUDDHA, SEKKUTSUAN TEMPLE, CHOSEN.

音觀面一十壁内 部内庵窟石 蹟古羅新

THE BUDDHIST IMAGES IN THE SEKKUTSUAN ARE CARVED BY THE SKILFUL ARTS, KEISHU.

THE DEVA KING KEPT THE DEVIL UNDER THE FOOT AT THE GATE OF THE SEKKUTSUAN, KEISHU.
慶州名勝　石窟庵の彫琢は麗技にて石窟庵の彫像

24　朝鮮慶州新羅古蹟　石窟庵内周壁ノ菩薩ノ内

THE HISTORIC REMAINS OF KEISHU.
（其二）衆神部八…庵窟石（蹟古州慶）

61 (Tō, ō ken) 　　　　像 王 仁 口入庵窟石 蹟古羅新

THE BUDDHIST IMAGES IN THE SEKKUTSUAN ARE CARVED BY THE SKILFUL ARTS, KEISHU.
石窟庵、踏まゐる惡鬼の觀可も笑、（慶州名勝）

THE HISTORIC REMAINS OF KEISHU.
石窟庵…八神部衆（其一）　（慶州古蹟）

46 (Tôyoken) 石寶庵石塔 (朝鮮慶州新羅古蹟)

THE FAMOUS PLACE OF CHOSEN 慶洲新羅古蹟 (朝鮮名所)
石窟庵本尊釋迦如來 花崗岩ニテ造リ高サ一丈一尺ニシテ製作ノ精巧東洋ノ一称トス

新羅時代ノ傑作石窟庵内ノ佛像 其二 Butsuzō Shiragi.
(大邱府玉村産土 賀村所有)
新羅國寶ト今ス稱ス比無ク界世ラ恐ハ技ル妙巧
テシニ作傑ノタシテ)置安ヲ驅六十三佛石ノ側兩口入右左ス
石ノ尺三市尺七サ高ニ壁周ノ内窟(年三十六百千今距)テシニ立創ノ
年十王天德景リ在ニ腹山ノ嶺峻丁二十四里ル距ヲ州慶面南郡州慶

(朝鮮名所) 慶州荒羅古佛蹟國寺石窟竜(石築ノ最モ優秀ナルモノ)
(慶北10) THE STONE CAVE IN BUKKOKKU JI TEMPLE

石窟庵 THE HISTORIC REMAINS OF KEISHU. （朝鮮名所） 慶州新羅古蹟

佛國寺より約二十六町、吐含山頂に在り、元の石佛寺にして新羅景德王の創建なり、石窟は東東面に面し内部は約十坪、中央に丈六の釋迦如來坐像あり、周圍の腰壁に十五體の佛像を陽刻す、其の構造の精、意匠の妙、何れも非凡の傑作にして新羅藝術の代表的遺品たり。

新羅古蹟
朝鮮慶尚北道慶州

佛國寺

石窟庵釋迦石像

석굴암의 관광엽서 봉투

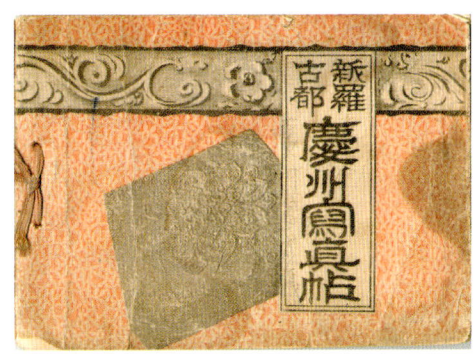
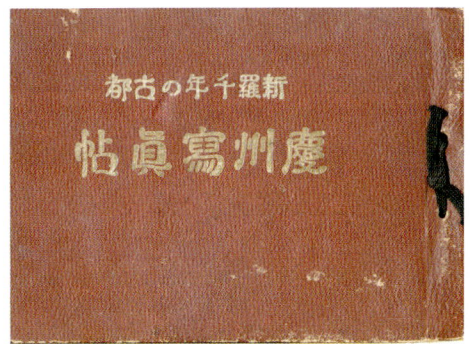

석굴암의 관광사진첩

5. 석굴암을 방문한 사람들

석굴암 삼층석탑의 산자락을 가로지르는 길은 총독부가 새로 닦은, 불국사 쪽에서 지금의 주차장과 일주문에 이르는 신작로로 추정된다.

석굴암 동편 언덕 소나무 숲속에 서 있는 삼층석탑은 예전에는 석굴암의 상징적인 기표(旗標)였다. 사람들은 불국사에서 출발하는 지금의 행로가 아니라, 덕동 저수지와 추령 고개를 넘어 동해구 쪽으로 가다가 골굴암과 기림사로 통하는 삼거리에서 갈라져서는 토함산 동쪽의 험준한 구절양장의 옛길을 헤쳐 석굴암에 이르렀을 것이다. 그들이 소맷자락으로 막 이마의 땀을 씻으면서 언덕 밑에 이르면 이 탑이 굽어보다간 가장 먼저 손짓을 하는 것이다.

1916년, 석굴암을 처음 찾은 야나기 무네요시 일행

〈부록〉 1. 고유섭 선생 소장 석굴암 사진들 | 동국대학교 도서관 소장

〈부록〉 2. 석굴암 중창 연표

- ■ 751년, 김대성이 석불사(석굴암) 및 불국사를 창건함.

- ■ 1703년
  승 종렬이 석굴암을 수축하고 굴 앞에 돌계단을 쌓음(康熙四十二年癸未從悅重創石窟庵又築窟前石階).『불국사고금창기(佛國寺古今創記)』(1740)

- ■ 1718년
  대겸이 화주로서 석굴암을 중창함(康熙五十七年戊戌重創化主大謙).『불국사고금창기(佛國寺古今創記)』(1740)

- ■ 1891년
  울산병사 趙巡相, 석굴암 전실 전각 중창. 〈토함산석굴중수상동문〉(손영기 필)에 당시 전각이 붕괴되어 중창하게 된 배경과 과정 등이 비교적 상세하게 나타나 있음.

- ■ 1909년
  4월 말, 조선통감부의 曾禰 부통감 일행의 석굴암 등정. 그들에 의해 최초의 석굴암 사진이 제작됨.

- ■ 1909년
  12월 중순, 關野貞이 석굴암을 조사함.

- ■ 1910년
  8월 초, 통감부에서 석실법당을 해체하여 경성으로 운반하라는 지침 하달. 중도에 무산됨. 8월 22일, 대한제국이 멸망함.(庚戌國恥)

총독부의 제1차 보수공사(1913. 10~1915. 9)

■ 1912년

6월, 총독부 기사 木子智隆이 석굴암을 현장조사함.

6월 25일자 복명서에서 "현상 그대로 방치할 경우 …… 동양 무비의 미술품을 멸망시킴에 이른다."라고 보고함.

11월, 寺內正毅 총독이 석굴암을 현장답사함.

■ 1913년

4월, 총독부 기사 國枝 博의 석굴암 현장 조사. 〈복명서〉와 〈석굴암수선공사사양서(石窟庵修繕工事仕樣書)〉 및 〈석굴암수선공사예산서(石窟庵修繕工事豫算書)〉를 제출함.

5월, 경주고적보존회가 발족됨.

9월, 총독부 토목국에서 석굴암보수공사 설명서 및 설계도면 각 3통을 내무국에 송부. 이때 총독부 고적조사 촉탁 關野 貞의 〈의견서〉가 함께 제출됨.

10월, 본공사 시작됨.

10~12월, 주실 중앙의 본존불과 천개석에 목제 가구(假構) 설치. 비도 입구에 철조망을 설치해 출입을 금지함.(현장감독에는 총독부 기사 飯島源之助가, 공사 전체 책임관에는 총독부 기사 國枝 博이 임명됨)

■ 1914년

5월 21일~9월 15일, 석실법당 해체가 완료됨.

5월 7일~11월 20일, 석재 채취 및 조각이 완료됨.

9월 27일~11월 8일, 기초공사가 완료됨.

■ 1915년

5월~8월 19일, 석굴 재조립 및 시멘트 두겁 공사가 완료됨.

9월 13일, 부속공사가 완료됨.

9월 15일, 개안공양식이 거행됨.

■ 1916년

柳宗悅이 석굴암을 답사함.

총독부의 제2차 보수공사(1917. 6~7)

■ 1917년

6~7월, 총독부의 2차 공사. 석굴 내 누수가 발생하자 시멘트 두겁 외곽에 모르타르 및 점토층을 추가해 차단을 시도함.

조선총독부에서 연차적으로 간행하던 『조선고적도보』 제5책 《통일신라 편》에 석굴암 사진을 등재해 발간함.

■ 1919년

6월, 柳宗悅이 「석불사 조각에 취하여(石佛寺の彫刻に就いて)」에서 총독부의 공사 전반을 신랄하게 비판함.(柳宗悅, 「石佛寺の彫刻に就いて」, 『藝術』(1919. 6) ; 『朝鮮とその藝術』(東京: 叢文閣, 1922), p.233. ; 『朝鮮とその藝術』(東京: 春秋社, 1973), p.164)

총독부의 제3차 보수공사(1920~1923)

■ 1920년

3차 보수공사 개시. 주요 내용은 방수층 설치, 지하수 처리, 입구 경관의 개변 등이었으며, 1923년까지 계속됨.

■ 1925년

中村亮坪, 『조선경주지미술(朝鮮慶州之美術)』에서 총독부의 공사를 비판. 석굴암 사진 다량 게재함.

■ 1927년

小川晴暘, 사진첩 『석굴암과 불국사(石窟庵と佛國寺)』 발간. 공사 후의 석굴암 사진 다량 집록함.

■ 1934년

증기 세척기로 석상의 오탁을 제거함.

고유섭, 『신동아』 1934년 11월호에 실은 「朝鮮古蹟에 빛나는 美術」에서 총독부의 보수공사 및 관리 상황을 비판함.

■ 1938년

조선총독부, 사진첩 『불국사와 석굴암(佛國寺と石窟庵)』을 발간함.

■ 1941년

관야정박사기념사업회 편, 『조선의 건축과 예술(朝鮮の建築と藝術)』(東京: 岩波書店) 간행됨.

■ 1944년

米田美代治, 『조선상대건축의 연구(朝鮮上代建築の研究)』(大阪: 秋田屋, 1934), pp.3~22.; 同著, 「朝鮮上代に於ける建築計劃の數學的一管見其の三」, 『朝鮮と建築』第19輯 第11號(1940. 11), pp.33~36.; 同著, 「朝鮮上代に於ける建築計劃の數學的一管見其の二」, 『朝鮮上代建築の研究』(京都帝國大學, 1944), pp.194~213.; 米田美代治 著, 申榮勳 譯, 「慶州 石窟庵의 營造計劃」, 『韓國上代建築의 研究』(서울: 韓國文化社, 1976), pp.25~41.

■ 1945년

광복(일제 패망 및 남북분단)

■ 1947년

증기 세척기를 이용해 석상의 오탁을 세척함. 조각상들의 오탁이 심해지자 1953·1957년에도 증기세척이 시행됨.

■ 1958년

1월부터 1961년 3월까지 문화재위원과 전문가들로 구성된 조사단이 전후 5차례에 걸쳐 석굴암 현지조사를 실시함.

■ 1961년

7월, 유네스코 문화재연구소장 프렌더라이스(H. J. Plenderleith) 박사 내한, 석굴암을 방문함.

문화재관리국의 석굴암 보수공사(1961~1964)

■ 1961년

9월부터 본공사를 위한 사전조사 및 예비공사로, 가설(假設) 및 해토공사, 실측작업, 기본공사 등이 시작되어 1963년 6월에 이르러 완료됨.

■ 1963년

6월부터 본공사가 시작됨.

■ 1964년

4월, 이중 두겁 가설 작업이 완료됨.
5월, 전실 전각의 신축공사가 완료됨.
6월, 지하수 배수 처리 및 석탑 복원공사 등 부수적인 공사가 종료됨.
7월 1일, 준공식이 거행됨.

사진 | 박정훈

감사의 글

우리에게는 참으로 고결한 책무가 주어져 있습니다. 먼 후손들에게, 혹은 아름다움을 사랑하는 세상의 모든 이들에게 석굴암을 온전하게 전해 주는 일이 그것입니다. 석굴암이야말로 우리 민족의 탯줄을 감고 태어난, 그리하여 가장 한국적인 동시에 고대 동서양의 예술 및 종교의 영적 아우라가 응결된 인류의 보배이기 때문입니다.

'석굴암 백년의 빛'은 동국대학교와 대한불교조계종이 공동 추진한 것으로『석굴암 백년의 빛』간행은 동국대학교출판부가, 〈석굴암 백년의 빛〉展(2009. 12. 1~2010. 1. 31)은 불교중앙박물관의 특별기획으로 개최되었습니다. 본서에 실리고 전시회에 출품된 사진자료뿐만 아니라 유물이나 저서 등 하나하나가 신라인의 예술혼과 그들의 깊은 사유를 천착하는 데 귀한 자료임은 재언을 요하지 않을 것입니다.

그러나 의욕에 비해, 지난 세기의 석굴암 관련 시각자료들을 모두 망라했다고 말하기 어려운 것도 사실입니다. 앞으로 미발굴 자료를 수집해 석굴암 연구의 초석을 다지는 데 더욱 분발할 것을 약속드리면서, 도움을 주신 제위께 감사의 말씀을 올리고자 합니다.

먼저, 인왕 두상 등 관련 유물과 유리건판 사진, 고유섭 선생 소장 사진 및 희귀서 등 귀한 자료를 대여해주신 국립중앙박물관, 국립경주박물관, 성균관대박물관, 서울대박물관·규장각, 서강대도서관, 동국대박물관과 도서관 측에는 덕분에 본서와 전시회가 입체적으로 더욱 빛을 발할 수 있었음을 감히 말씀드립니다. 또한, 석굴암의 절대미를 가슴 시리도록 담아낸 안장헌 선생님의 작품들, 1950년대 석굴암의 실상을 증언하고 있는 김한용 선생님의 본존불 사진 앞에서는 숙연해질 따름입니다. 여기에 일본에 있는 자료 확인에 힘써 주신 동국대 김상일 교수, 『불국사와 석굴암』(조선총독부, 1938)을 선뜻 맡긴 배연형 교수의 우의도 오래도록 기억할 것입니다. 일문 번역을 맡아주신 이혜영 선생님, 본서의 명필 제호를 주신 이호신 선생님께도 머리 숙여 감사드립니다.

　　마지막으로, 과도한 일정에도 불구하고 흔쾌히 사진전을 준비하신 불교중앙박물관의 범하 스님과 젊은 학예사 여러분들, 동국대출판부와 도서출판 성문 가족에게도 감사의 말씀을 전합니다.

　　모든 분들께 산화공덕의 노래 〈풍요(風謠)〉를 바칩니다.

오소서 오소서 오소서.
오소서, 서러운 이 많아라.
서러운 목숨들이여.
공덕 닦으러 오소서.

2009. 11. 20
성낙주 배